| 生活技能 090 |

開始在加拿大自助旅行

自助旅行 | 作者◎沈正柔

太雅

「遊加拿大鐵則」

✓ 旅遊選時節

理由：加拿大四季分明，春花似錦，夏日明媚，秋葉炫目，冬雪皚皚，四季都適合旅行。遊覽洛磯山最佳時節在6月中～9月中，因為景區道路全部開通，得以走訪夢蓮湖、塔卡高瀑布、伊迪絲卡維爾山、馬林湖美景；也必定能搭乘大雪車踏上冰川，加拿大洛磯山的特色風景都不會錯過。此外，7月中～8月中沿途野花盛開，更是一大視覺饗宴。

✓ 派司較划算

理由：遊覽城市或國家公園，派司(Pass)是最方便經濟的選擇。溫哥華公車的日派司可以在公車、天車與海上巴士間任意轉乘，不受轉乘時間及分區收費限制；卡加利公車日派司則適用於公車與輕軌；班芙鎮內交通車也出售日派司。日派司使用時間多從首班至末班車，若使用時間不長，或次數不夠多，就未必划算。加拿大國家公園出售年派司，除了洛磯山國家公園外，還適用於加拿大其他國家公園及古蹟區。有興趣與時間多逛逛，年派司一定比日門票省錢。

✓ 時區分清楚

理由：卑詩省大部分地區在太平洋時區，亞伯達省則在山區時區，比卑詩省早1小時，例如溫哥華早上8時，卡加利已是9時。但在洛磯山國家公園內，位居卑詩省的幽鶴及庫特尼國家公園也採用山區時間。穿梭在時區間，應該按時區調整時間，以避免誤事。

✓ 長者、學生有優惠

理由：65歲以上長者及學生，只要持有有效證件如護照或學生證，搭乘公共交通工具、買門票多有優惠。在學學生出國前不妨辦張國際學生證(ISIC)。

✓ 穿著有彈性

理由：一天有四季，十里不同天！卡加利居民都知道，不用擔心目前的氣候，因為5分鐘後就可能改變，尤其冬季吹起翻山風，寒冬轉眼變夏季。在洛磯山區，一天就有機會經歷冰雹、下雪、下雨、豔陽；大雪車登上冰川，若是風大，必能體驗冷風刺骨。而溫哥華屬海洋型氣候，終年多雨。因此，穿著必須隨時調整，最適合的方式是「剝洋蔥」，熱時一層層剝，冷時一件件加。整理行囊時，別忘了帶上雨具。

✓ 吸菸守規矩

理由：卑詩省及亞伯達省都提倡公共場所禁菸，均於2008年通過法案，規定包括機場、餐廳、公共交通工具、工作場所，甚至酒吧、賭場內都不能吸菸。想吸菸必須到指定地點或室外距離門、窗及通氣孔3公尺(卑詩省)或5公尺(亞伯達省)以外。溫哥華市也於2010年通過法律，規定市區及地區(Regional)公園內禁止吸菸，違規罰款$250及$75。准許吸菸的旅館越來越少，有些旅館甚至要求旅客簽字同意遵守房間內禁菸規定，否則罰款。旅館內的公共空間當然也是禁菸區。

加拿大對流行性傳染病的防範政策

取消疫情相關入境限制

2022年10月1日，加拿大已取消Covid-19相關邊境限制，無症狀之旅客入境加國無須提供PCR、疫苗接種證明及ArriveCan APP健康申報，並同時取消落地隨機篩檢及免除隔離檢疫措施；另外加國搭乘飛機或火車亦可免配戴口罩。

但如前往加國期間或抵達後感到不適或出現任何COVID-19症狀，應於抵達時通知空服員或邊境服務人員。有可能會被轉介給檢疫官進行健康評估和下一步指示；另外也應避免搭乘轉乘之大眾運輸工具。

使用ArriveCan APP加速通關

雖然不再用作健康申報工具，ArriveCan APP的另一項功能卻能加速通關，甚至在入境72小時前即可完成填寫事先申報單（The Advance CBSA Declaration），經由快速通關窗口（Advance Declaration Express Lane）受檢，節省通關時間。

ArriveCan APP 步驟

1 Step　下載ArriveCan APP，開立帳戶與設立密碼。

2 Step　經由電子郵件送達的6碼，確定帳戶設置成功。

3 Step　登入帳戶，同意條件與隱私條款。

4 Step　誠實回答移民與海關問題，例如來自何處？攜帶物品？

5 Step　完成填寫後送出。如果確認完成申報，將收到電子收據(E-Receipt)。

6 Step　下機後，在入境大廳機器(Kiosk or eGate)選擇語言(視機場而有不同選項)→掃描護照→照相→回答問題→列印申報單。

7 Step　持申報單到邊境管制局窗口受檢。

8 Step　出關進入加拿大。

Canada
ADVANCE CBSA DECLARATION

▲ 事先申報通關、溫哥華機場通關機器

Welcome to
Bienvenue au
Canada

▲ 歡迎來到加拿大

臺灣太雅出版
編輯室提醒

出發前，請記得利用書上提供的通訊方式再一次確認

每一個城市都是有生命的，會隨著時間不斷成長，「改變」於是成為不可避免的常態，雖然本書的作者與編輯已經盡力，讓書中呈現最新的資訊，但是，仍請讀者利用作者提供的通訊方式，再次確認相關訊息。因應流行性傳染病疫情，商家可能歇業或調整營業時間，出發前請先行確認。

資訊不代表對服務品質的背書

本書作者所提供的飯店、餐廳、商店等等資訊，是作者個人經歷或採訪獲得的資訊，本書作者盡力介紹有特色與價值的旅遊資訊，但是過去有讀者因為店家或機構服務態度不佳，而產生對作者的誤解。敝社申明，「服務」是一種「人為」，作者無法為所有服務生或任何機構的職員背書他們的品行，甚或是費用與服務內容也會隨時間調動，所以，因時因地因人，可能會與作者的體會不同，這也是旅行的特質。

新版與舊版

太雅旅遊書中銷售穩定的書籍，會不斷修訂再版，修訂時，還區隔紙本與網路資訊的特性，在知識性、消費性、實用性、體驗性做不同比例的調整，太雅編輯部會不斷更新我們的策略，並在此園地說明。您也可以追蹤太雅IG跟上我們改變的腳步。

taiya.travel.club

票價震盪現象

越受歡迎的觀光城市，參觀門票和交通票券的價格，越容易調漲，特別Covid-19疫情後全球通膨影響，若出現跟書中的價格有落差，請以平常心接受。

謝謝眾多讀者的來信

過去太雅旅遊書，透過非常多讀者的來信，得知更多的資訊，甚至幫忙修訂，非常感謝大家的熱心與愛好旅遊的熱情。歡迎讀者將所知道的變動訊息，善用我們的「線上回函」或直接寄到taiya@morningstar.com.tw，讓華文旅遊者在世界成為彼此的幫助。

5 Traveling So Easy!

in Canada

開始在加拿大自助旅行 2024～2025年 新第五版

國家圖書館出版品預行編目(CIP)資料

作　　者	沈正柔
總 編 輯	張芳玲
發想企劃	taiya旅遊研究室
編輯部主任	張焙宜
企劃編輯	徐湘琪
主責編輯	徐湘琪
特約主編	王宣晴
修訂主編	鄧鈺澐
修訂編輯	鄧鈺澐、張焙宜
封面設計	許志忠
美術設計	許志忠

開始在加拿大自助旅行：附溫哥華、洛磯山脈
(2024～2025年)／沈正柔作. ——五版，
——臺北市：太雅出版有限公司，2023.12
面； 公分 . ——（So easy；90）
ISBN 978-986-336-472-6（平裝）
1.CST:自助旅行 2.CST:加拿大
753.9 112016324

太雅出版社
TEL：(02)2368-7911　FAX：(02)2368-1531
E-mail：taiya@morningstar.com.tw
太雅網址：http://taiya.morningstar.com.tw
購書網址：http://www.morningstar.com.tw
讀者專線：(02)2367-2044、(02)2367-2047

出 版 者	太雅出版有限公司
	106020台北市辛亥路一段30號9樓
	行政院新聞局局版台業字第五〇〇四號

讀者服務專線：(02)2367-2044 / (04)2359-5819#230
讀者傳真專線：(02)2363-5741 / (04)2359-5493
讀者專用信箱：service@morningstar.com.tw
網路書店：http://www.morningstar.com.tw
郵政劃撥：15060393(知己圖書股份有限公司)

法律顧問　　陳思成律師

印　　刷	上好印刷股份有限公司　TEL：(04)2315-0280
裝　　訂	大和精緻製訂股份有限公司　TEL：(04)2311-0221
五　　版	西元2023年12月01日
定　　價	450元

(本書如有破損或缺頁，退換書請寄至：
台中市西屯區工業30路1號 太雅出版倉儲部收)

ISBN　978-986-336-472-6
Published by TAIYA Publishing Co.,Ltd.
Printed in Taiwan

填線上回函
開始在加拿大自助旅行
2024～2025年 新第五版

bit.ly/2Ye7LW9

迷戀溫哥華與洛磯山

1988年7月初，我第一次踏進加拿大洛磯山。那次，意外遇上下雪，措手不及，只能用大垃圾袋遮擋雨雪。那次，洛磯山只是橫貫加拿大行程的一部分，來去匆匆，竟連露易絲湖也只是驚鴻一瞥。

往後25年，數不清去過多少次，曾經被大角羊攔路索食，曾經與早起的灰熊四目相對，曾經和成群馬鹿併肩散步，洛磯山印象逐漸從模糊到清晰，甚至變成像自家後院一般熟悉，閉上眼可以在腦海裡翻閱一泓泓碧湖，一道道冰川，一簇簇野花。

溫哥華是我最心儀的北美城市，2002年，我用將近一年時間，一步步丈量溫哥華的土地，走過溫哥華的史頁，閱讀原住民的圖騰柱，擁抱參天的溫帶雨林。

城裡的園林，城市邊緣的農田，以及隨季節遷徙或定居湖沼的鴨雁，鮮明宣示溫哥華的四季。破土而出的球莖花朵，最先帶來春天的消息；一波波花海隨後登場，裝飾城市街道巷弄，並持續過夏季。然後，園林、街巷的綠葉一片片老去，成就色彩斑斕的秋天，雪雁來了；落葉滿地的時節，冰冷的溫哥華顯得蒼白，但偶爾一場大雪，滿枝冰掛，又見城市晶瑩剔透。

溫哥華與洛磯山，一是充滿自然景色的城市，一是俯仰皆見自然的大地，而我一直追求的生活便是回歸自然，因此，走訪千遍也不覺得膩。有人說我奢侈，有人笑我痴迷，笑罵由人，我就樂此不疲。

Canada ‧ 加拿大

關於作者

沈正柔

輔仁大學歷史系學士、台灣大學歷史研究所碩士。曾任台北《中國時報》及《聯合報》記者、編輯；美國洛杉磯《世界日報》採訪主任；台北時報出版公司執行副總編輯。2000年從媒體退休，專心從事旅遊寫作，旅遊圖文散見於台北、美國、北京報章雜誌。已出版圖書包括：《開始到美國國家公園自助旅行》、《開始在北京自助旅行》、《百變北京》、《馬雅金字塔的祕密—你所不知道的墨西哥》、《加拿大洛磯山》、《加州》、《美西國家公園》、《拉斯維加斯》。

目 錄

如何使用本書

專治旅行疑難雜症：根除旅行小毛病，如：辦護照、簽證、購買票券、安排行程、機場入出境手續、行李打包、如何搭乘各種大眾交通工具、打國際電話、時區轉換等疑難雜症，本書全都錄。

省錢、省時密技大公開：商家不會告訴你、只有當地人才知道的購物、住宿、搭車等，省錢、省時的密技大公開，本書不藏私。

實用資訊表格：證件哪裡辦、店家景點怎麼去，相關連絡資料與查詢管道，條例整理，重要時刻不再眼花撩亂。

◀ 行家購買情報

加拿大「液體黃金」是什麼？如何挑西洋參和楓糖漿？燻鮭魚哪種肉質最好？不只教你玩最好，還教你買最好！

旅遊行程規畫 ▶

行程規畫標上景點頁碼，迅速掌握景點資訊和玩樂重點。再搭配地圖導覽，景點位置一目了然，旅遊方向感不迷失。

Step by Step圖文解說

凡舉入出境、操作機器、網路租車等教學，都有Step by Step圖文解說，訊息步驟超清楚。 ◀

Tips資訊 ▶

內行人的實用資訊，全在框框內。

景點介紹 ▲
介紹特殊景點特定觀賞時間，
掌握最佳旅遊時刻。

交通概況
詳盡的交通
資訊，掌握
確切景點位
置。

玩家充電站 ▶
玩家充電站的行家指點，
從此旅遊不再走馬看花，
處處都能發現驚奇。

▲ **Data資訊**
網址、地址、時間和門票等
景點資訊統一整理在頁面邊
緣，位置超清楚。

▲ **玩樂篇，分量增五倍**
特色主題式玩樂，專題報導黃刀鎮北極光之旅、古
老圖騰柱、令人感動的鮭魚洄游、國家公園生態鏡
頭……豐富的文化知識，讓你玩得更深入。

認識加拿大
About Canada

加拿大，是個什麼樣的國家？

幅員遼闊的加拿大究竟是個什麼樣的國家？

本篇將從國名、政體、國旗、面積、人口、經濟、語言、時區、貨幣、假日……等小檔案，

帶你迅速總覽加拿大從裡到外、兼容並蓄的各樣風采。

加拿大速覽

加拿大，是個什麼樣的國家

🍁 **加拿大小檔案 01**

地理 | 面積僅次於俄羅斯的第二大國

▲ 加拿大是全世界淡水最多的國家

　　面積8,965,121.42平方公里，僅次於俄羅斯，為世界第二大國。加拿大國土面積9%為水域，包含200～300萬個湖泊，是全世界淡水最多的國家。各省及地區以努納伏特面積最大，魁北克、西北地區、安大略、卑詩、亞伯達省順序排列；艾德華王子島面積最小。

地圖繪製／許志忠

加拿大小檔案 02

國名 | 源自原住民語「Kanata」

　　西元1535年，法國探險家卡迪亞（Jacques Cartier）沿河道進入內陸時，遇見的原住民青年告訴卡迪亞他們來自「Kanata」。對於原住民而言，「Kanata」只是他們居住的村落，即如今魁北克市附近；卡迪亞卻以「Canada」稱酋長勢力所及的土地。

　　「Canada」範圍隨著時日擴張，先涵蓋現今聖羅倫斯河沿岸，而後是魁北克省。1867年，東岸四省結盟（Con-federation）奠定了立國基礎，並以憲法確立「Canada」名稱。

▲ 法國探險家及魁北克城的建立者山姆尚普蘭（Samuel Champlain），他也被稱作「新法蘭西之父」

▲ Kanata村落，在如今魁北克市附近

加拿大小檔案 03

國旗 | 白底襯紅楓的加拿大國旗

　　定居加拿大的原住民，早已與楓糖結緣，1700年代有人就開始以楓葉代表加拿大；安大略和魁北克兩省創作省徽時都將楓葉納入。1876～1901年，楓葉鑄印在加拿大所有的硬幣上。1921年，英王喬治五世更指定紅、白色為加拿大官方顏色。1964年底，國會兩院先後通過國旗決議案，伊莉莎白女王宣布次年正式生效。加拿大國旗於1965年2月15日正午，在首都渥太華（Ottawa）的國會大樓升起，紅白兩色相間，白底襯托單葉紅楓居中，是喬治史丹利（George Stanley）的設計。

加拿大小檔案 04

首都 | 渥太華，女王的明智選擇

　　渥太華（Ottawa）的地理位置屬於安大略省（Ontario），與魁北克省（Quebec）僅相隔一條河。1841年，如今的魁北克和安大略合併成英屬加拿大省，英國維多利亞女王於1857年被要求選擇加拿大省首都時，選擇了渥太華，主要用意在尋求兩大之間的平衡；此外，渥太華位處內陸，較不易受到直接攻擊，卻有水道與外界交通；而且渥太華人口不如多倫多及蒙特婁，比較不易挑起大規模群眾暴動。

▲ 渥太華國會鐘塔

▲ 渥太華國會議事廳

加拿大小檔案 05

政體 | 虛君立憲民主政治
英女王爲名義上的最高元首

名義上英國女王仍是加拿大最高元首，實際上，加拿大總理（Premier）負責國家政務。總督（Governor General）是女王在加拿大的代表，可以召集國會上下議院會議，批准並宣布議會通過的法律，在總理的建議下指派105名參議員（The Senate）。總理由眾議院（House of Commons）占最多數席次的黨主席擔任，有權選擇內閣成員並經總督指派後推動政務；眾議院席次由選舉產生，席次依每省及地區普查人口分配。

▲ 國會大廈

加拿大小檔案 06

經濟 | 森林和石油資源豐富

加拿大爲全球第11大經濟體，以製造業、礦業及服務業爲主。與其他已開發中國家不同的是，加拿大的森林和石油資源豐富，大西洋外海的天然氣及亞伯達省的石油都能出口，石油存量占全球13%，僅次於委內瑞拉和沙烏地阿拉伯。礦產如鋅、鈾蘊藏多，中部大平原的農產品如茶油、麥和其他穀物產量也大。

加拿大小檔案 07

人口 | 多倫多、蒙特婁、溫哥華
人數最多

以都會而言，人口多集中於多倫多（Toronto）、蒙特婁（Montreal）、溫哥華（Vancouver）。加拿大可以說是移民國家，東岸居民祖先多移自英倫三島及法國、德國等歐洲國家；西岸居民則多來自南亞、中國（包括台灣、香港）及菲律賓、東南亞，另有相當比率的非洲裔及拉丁美洲移民。原住民只占人口4.3%；歐洲移民後裔的白人占76.7%，包括亞、非、拉丁美洲裔的少數族裔占19.1%。但是加拿大統計局預測，到2031年加拿大28%人口將是移民。

加拿大小檔案 08

語言 | 英語及法語爲官方語

英語及法語爲加拿大官方語言，但因加拿大由多元族裔組成，各族裔也使用各自的母語。在加拿大，使用華語的居民已逾百萬人。

▲ 渥太華國會圖書館

認識加拿大

加拿大小檔案 09

貨幣 | 1加幣約等於23.15台幣 (2023年6月)

加拿大紙幣面值爲100、50、20、10、5元；硬幣則有1元、2元、25分、10分、5分(1分錢硬幣已淘汰)。由於1元硬幣印有潛鳥(Loon)圖案，加拿大人親切的稱爲Loonie，因此2元硬幣就稱作Toonie。

▲ 加拿大硬幣

▲ 加拿大紙幣

加拿大小檔案 10

時區 | 日光節約時間的時差不一樣

加拿大分5個半時區，從西到東爲太平洋(Pacific Time)、山區(Mountain Time)、中央(Central Time)、東部(Eastern Time)、大西洋(Atlantic Time)、紐芬蘭(Newfoundland Time)時區。每越過1時區，時間撥快1小時，紐芬蘭自成時區，比大西洋時區快半小時。

夏天加拿大實施夏令(日光節約)時間，時鐘撥快1小時，太平洋時區比台灣和中國慢15小時；冬天則撥慢1小時，比台灣和中國慢16小時。

加拿大各時區與台灣時差

時區	太平洋	山區	中央
夏季	慢15H	慢14H	慢13H
冬季	慢16H	慢15H	慢14H

時區	東部	大西洋	紐芬蘭
夏季	慢12H	慢11H	慢10.5H
冬季	慢13H	慢125H	慢11.5H

 豆知識

何謂日光節約時間？

由於夏天天亮較早，加拿大和美國都採取日光節約時間(Daylight Saving Time)，將時鐘撥快1小時，讓民眾早睡早起以節省能源；冬天天亮晚，時鐘撥回1小時，也可避免浪費能源。目前調整時鐘的時間是：3月第二個週日及11月第一個週日02:00。

溫哥華蓋士鎮 ▶

加拿大小檔案 11

航程 | 有直航班機，約10.5小時

從台灣或中國到溫哥華要跨越太平洋，必須搭乘國際航班。一般而言，直飛的班機票價較高，經由第三地轉機可能較經濟，但耗費時間較長。溫哥華機場是亞洲國家遊客進入加拿大的門戶，台灣及中國都有直飛班機前往溫哥華。

飛航溫哥華的國際航空公司(製表：沈正柔)

城市	航空公司	停靠	網址
台北 (TPE)	華航(CI)	直飛	www.china-airlines.com
	長榮(BR)	直飛	www.evaair.com
	加航(AC)	直飛	www.aircanada.com
	國泰(CX)	香港	www.cathaypacific.com
	日航(JL)	東京	www.jal.com
	韓航(KE)	首爾	www.koreanair.com
	聯合(UA)	東京／舊金山	www.united.com
	達美(DL)	東京／西雅圖	www.delta.com
北京 (PEK)	加航(AC)	直飛	www.aircanada.com
	國航(CA)	直飛	www.airchina.com
上海 (PVG)	加航(AC)	直飛	www.aircanada.com
	東航(MU)	直飛	www.flychinaeastern.com
廣州 (CAN)	南航(CZ)	直飛	www.csair.com
成都 (CTU)	川航(3U)	瀋陽	www.scal.com.cn

加拿大小檔案 12

電壓 | 和台灣一樣

110伏特，插座與台灣為同樣規格。

加拿大小檔案 13

假日 | 各省有不同的節日

加拿大國定假日其實只有5天，即新年、耶穌受難日、國慶日、勞工節、聖誕節。但聯邦機構另外還放5天假，即復活節週一、維多利亞日、感恩節、國觴日及節禮日。多數省分及地區也將維多利亞日、感恩節及國觴日訂為合法假日。

除新年、國慶日、聖誕節及節禮日外，其他假日日期並不固定，尤其復活節，訂在春分後第一次滿月後的第一個週日，大抵落在3/22～4/25之間。各省也有不同的節日，譬如卑詩省有家庭日（Family Day）及卑詩日（B.C. Day）等。

國會大鐘 ▶

加拿大國定假日(製表：沈正柔)

假日	日期
新年(New Year's Day)	1月1日
耶穌受難日(Good Friday)	復活節前的週五
復活節週一(Easter Monday)	復活節次日
維多利亞日(Victoria Day)	5月25日前的週一
國慶日(Canada Day)	7月1日
勞工節(Labour Day)	9月第一個週一
感恩節(Thanksgiving Day)	10月第二個週一
國殤日(Remembrance Day)	11月第二個週一
聖誕節(Christmas Day)	12月25日
節禮日(Boxing Day)	12月26日

豆知識

卑詩省的家庭日及卑詩日

　　卑詩省似乎每月一假，而且都是週末三天連假。2月第二個週一的「家庭日」號稱闡揚家庭價值；8月第一個週一的「卑詩日」也稱作「傳統日」(Heritage Day)，意在紀念卑詩省拓荒先民。由於聯邦不承認卑詩省的「家庭日」，聯邦雇員，如郵局員工必須上班。

　　亞伯達省也有「家庭日」，於2月第三個週一放假。「家庭日」來自政客競選時的承諾，卻引起企業雇主不滿，也因此亞伯達省的「傳統日」，由雇主決定是否放假。

加拿大小檔案 14

氣候 ｜ 多數城市為大陸型濕潤氣候

　　加拿大大部分城市都屬於大陸濕潤型氣候，夏熱冬冷，四季分明。亞伯達省部分草原區及卑詩省內陸氣候較乾燥，卡加利的翻山風（Chinook）即是典型代表。

　　濱臨太平洋的溫哥華屬海洋型氣候，雨量豐沛，夏季涼爽，冬季雖然冷並不酷寒。

　　加拿大北半部、靠近極帶地區，全年嚴寒，夏季短暫。

▲ 溫哥華屬海洋型氣候，夏季涼爽，冬季冷並不酷寒

路上觀察 皇家騎警 (Royal Canadian Mounted Police, RCMP)

　　1920年由西部拓荒時期的西北騎警和聯邦成立時的警力合併，皇家騎警是加拿大維持治安的主力。不但擔任聯邦警察，也包辦加拿大各省(安大略與魁北克省除外)及城市警務工作。

　　紅衣、黑褲、棕靴及淺灰褐色帽子的制服，是皇家騎警最搶眼的標誌，騎在馬上更是英姿煥發，令人印象深刻。不過，這套制服目前只在慶典儀式和音樂馬術表演(Music Ride)時得見。

　　皇家騎警並不全然陽剛，穿蘇格蘭格子裙的風笛隊表演也有聲有色；1974年開始，女性也獲准加入，並且穿上同樣醒目的制服。

行前準備
Preparation

出發前,要預做哪些準備?

持台灣護照旅遊加拿大可享免簽證待遇180天,
讓前進加拿大的事前準備更加簡便。然而行程怎麼規畫才能玩得盡興?
需要辦理什麼證件?行李該如何打包?匯兌、信用卡等金融事宜該注意什麼?
本篇將完整揭露相關的準備資料。

加拿大旅遊規畫

先決定合適的旅遊季節，然後開始蒐集旅遊資訊

選擇旅行季節
Preparation

溫哥華4月賞櫻花、10月賞秋葉

4月初，溫哥華是美麗的春城，園林、街道遍地飛花，櫻花更是鋪天蓋地。10月下旬，溫哥華是動人的秋城，楓紅渲染街道巷弄；而在夏季，平均溫度不超過攝氏20度，溫帶雨林層層綠意更覺清涼。

洛磯山6～9月美景不錯失

4月中，加拿大洛磯山終於從冰雪中脫身，皚皚白雪依舊逗留山頭，要到7月中才逐漸退隱；而封凍千年的冰川，似乎並不理會季節，仍然鋪蓋透著藍光的冰，冰縫中奔流的雪水和遍地野花，才透露冰川知道夏天來臨。洛磯山四季都美，但只有6月中～9月中所有道路才開放，去早去晚，都會錯失美景。因此，擬定出行計畫的第一個決定是：什麼時候啟程？

蒐集旅行資訊
Preparation

　　卑詩省旅遊局在溫哥華機場國際航班入境大廳設有訪客中心（Visitor Centre），提供的資訊涵蓋全省，當然包含溫哥華。但卑詩省旅遊局最多也就照顧到卑詩省境內的洛磯山國家公園，在進入加拿大前，想先蒐集資訊以擬定旅遊計畫，最便捷的方式可能是瀏覽景點相關網站。

實用旅遊網站推薦

■ 加拿大
加拿大國家公園：www.pc.gc.ca

■ 卑詩省
卑詩省公園：www.env.gov.bc.ca

卑詩省旅遊局：www.hellobc.com

1.溫哥華春櫻景致／2、3.溫哥華秋色景致／4.深秋薄雪鋪灑山頭，碧湖也逐漸冰凍／5.抓準時間遊覽，去早去晚都會錯失美景

⑤

■ 溫哥華
溫哥華：www.tourismvancouver.com

北溫哥華：www.vancouvernorthshore.com

列治文市：www.richmond.ca

史丹利公園：www.vancouver.ca/parks

伊利莎白皇后公園：www.vancouver.ca/parks

范杜森植物園：www.vandusengarden.org

卑詩大學植物園：www.ubcbotanicalgarden.org

格蘭維爾島：www.granvilleisland.com

中國城：www.vancouver-chinatown.com

蓋士鎮：www.gastown.org

溫哥華水族館：www.vanaqua.org

卑詩大學人類學博物館：www.moa.ubc.ca

卡皮蘭諾吊橋：www.capbridge.com

松雞山：www.grousemountain.com

■ 溫哥華島
溫哥華島：www.vancouverisland.travel

維多利亞：www.tourismvictoria.com

皇家卑詩博物館：www.royalbcmuseum.bc.ca

布查特花園：www.butchartgardens.com

鄧肯：www.city.duncan.bc.ca

夏美那斯：www.chemainus.com

托菲諾：www.tourismtofino.com

■ 周邊地區
惠斯勒：www.whistler.com

基隆那：www.tourismkelowna.com

■ 加拿大洛磯山
班芙訪客中心：www.banfflakelouise.com

班芙交通：www.roamtransit.com

班芙溫泉：www.hotsprings.ca

班芙硫磺山纜車：www.explorerockies.com

哥倫比亞冰原雪車：www.explorerockies.com

傑士伯資訊中心：www.jasper.travel

傑士伯纜車：www.jaspertramway.com

馬林湖遊船：www.malignelake.com

傑士伯民宿協會：www.stayinjasper.com

證件準備

出發前，要先申請護照

申辦護照
Preparation

依照國際慣例，進入其他國家須持有護照，護照有效期限須半年以上。若未有護照，出國前須先申辦；若所持護照效期不足半年，也應申請換發新照。而依外交部規定，護照剩餘效期不足一年，或所持護照非晶片護照者均可申請換照。

■ 申請護照必備文件
☐ 填妥普通護照申請書乙份。
☐ 繳交最近6個月內拍攝之彩色（直4.5公分且橫3.5公分，不含邊框）光面白色背景照片乙式2張，照片一張黏貼，另一張浮貼於申請書。
☐ 年滿14歲及領有國民身分證者，應繳驗國民身分證正本（驗畢退還），並將正、反面影本分別黏貼於申請書正面（正面影本上須顯示換補發日期）。未滿14歲且未請領國民身分證者，繳驗戶口名簿正本（驗畢退還），並附繳影本乙份；或繳交最近3個月內辦理之戶籍謄本（保留完整記事欄）。
☐ 護照規費：每本新台幣1,300元
☐ 工作天數：一般件為10個工作天；遺失護照補發為11個工作天。
☐ 週一～五08:30～17:00，中午不休息；另每週三延長受理至晚間20:00（國定例假日除外）。

護照辦理地點(製表：沈正柔)

辦事處	地址／電話
外交部	台北市中正區濟南路1段2之2號3～5樓 (02)2343-2888
中部	台中市南屯區黎明路2段503號1樓 (04)2251-0799
雲嘉南	60045嘉義市東區吳鳳北路184號2樓 (05)225-1567
南部	高雄市苓雅區政南街6號3、4樓 (07)715-6600
東部	花蓮市中山路371號6樓 (03)833-1041

＊詳情查詢外交部領事事務局全球網www.boca.gov.tw

申請加拿大電子旅行證
Preparation

加拿大政府雖然給予持中華民國護照者免簽待遇，但自2016年3月15日起，規定免簽證國公民搭乘飛機入境，必須先行上網辦理電子旅行證（Electronic Travel Authorization，eTA），經核可才能入境；若從海路或陸路入境，則可免辦。

■ 注意事項
1. 護照有效期限至少6個月。
2. 申請表僅有英、法文版本，填表前請先參考中文說明。

3. 填表時需要在一定的時間內填寫完成，如螢幕上出現「Session timeout warning（時間已到）」通知時，點擊「Continue session（繼續填寫）」按鈕，即可繼續作業。

4. 所有表格上的內容，例如身分證號碼、護照號碼、電子郵件地址，都必須重新輸入，不能複製及貼上。

5. 線上付款後請立即列印付款收據。過後將無法列印，也不會收到收據。

6. eTA以電子方式與護照或旅行證件相聯，有效期為5年或到護照失效日期。

申請流程

1. 進入加拿大官網中文網頁http://www.cic.gc.ca/english/visit/eta-facts-zh2.asp。

2. 準備好護照、信用卡或銀行卡，以及幫助閱讀文件（請輸入http://www.cic.gc.ca/english/pdf/eta/traditional-chinese.pdf下載中文檔案）。

3. 依中文指示使用線上表格進行申請。該表格無法保存，請務必事先準備好需要填入的資訊。

4. 表格填寫完成後，使用信用卡或銀行卡支付申請費（$7加幣）。

5. eTA申請提交後你將收到一封電子郵件。大多數申請人在幾分鐘內即可獲得批准。如果你需提交補充文件，才能獲取eTA，你將會收到含有指示說明的電子郵件。

申辦國際駕照
Preparation

依照1968年11月8日道路交通公約，持國內普通小型車駕照換發的國際駕照為B級，可在國外駕駛除駕駛人座位外，至多另有8個座位的汽車，並得附掛輕型拖車一輛。

加拿大西岸的卑詩省（British Columbia）及亞伯達省（Alberta），都允許持國際駕照駕車，但仍須攜帶台灣在有效期內的駕照正本。雖然國際駕照有效期為3年，卑詩省允許遊客每次使用最多達180天，亞伯達省為1年。

國際駕照這裡辦

辦理地點：各地監理所
證件：身分證，駕照，二吋照片兩張，護照影本
費用：新台幣250元

＊以上資料時有異動，出發前請再次確認。

貼心 小提醒

使用台灣國際、國內駕照小提醒

有關主要國家(地區)對我國國際、國內駕駛執照態度，可參考交通部公路總局一覽表。進入網頁後點選：監理業務→監理業務說期→駕照管理→主要國家(地區)對我國國際、國內駕駛執照態度。

http 交通部公路總局：www.thb.gov.tw

行家祕技 旅遊加拿大新方式：打工度假

加拿大與台灣簽定台加青年交流協定，對15～35歲台灣青年開放「體驗加拿大計畫」(International Experience Canada, IEC)，每年提供打工度假名額，透過打工在加拿大賺取旅費，親身遊覽並體驗加拿大，為期1年。詳情洽詢加拿大駐台北貿易辦事處，或參考《開始到加拿大打工度假》(太雅出版社)。

加拿大駐台北貿易辦事處
http www.canada.org.tw / ☎ (02)8723-3000

國際交流協會駐華辦事處
國際交流協會駐華辦事處(Council on International Educational Exchange, CIEE)為加拿大外交部及國貿局核可的打工度假計畫認證機構，協助辦理到加拿大打工手續，為非營利民間組織。
http www.cieetaiwan.org.tw / ☎ (02)2364-0228

匯兌、跨國提款 Foreign Exchange

出發前，兌換加幣、準備信用卡、瞭解跨國提款情形

兌換加幣

Preparation

加幣在台灣十幾家銀行掛牌，但要用台幣買加幣現鈔不容易，因為掛牌銀行大多沒有現鈔。最可能買到加幣現鈔的是台灣和兆豐銀行；恰巧也就這兩家銀行在桃園國際機場設有櫃台。若想在機場才換加幣，除100元手續費外，還要趕上銀行上班時間，因此最好先電話查詢。兆豐銀行機場分行(03)332-7126，台銀(03)398-2166。

▲ 兆豐銀行機場櫃台　　▲ 台灣銀行機場櫃台

溫哥華機場專門兌換外幣的ICE Currency Service，能兌換台幣、美元和人民幣，但兌換率不如台灣桃園機場，且每筆收取$6加幣手續費。

▲ 溫哥華機場兌換外幣櫃　　▲ ICE Currency Service匯
台ICE Currency Service　　率表

貼心 小提醒

美金至當地商家兌換加幣較吃虧

加拿大有些商家接受美元，但兌換率絕對是商家占便宜，而且不是每一商家都接受美元，最好還是先兌換部分加幣。

信用卡

Preparation

VISA、MasterCard及American Express在加拿大普遍接受，只是發卡公司會收取換匯手續費。

跨國提款

Preparation

跨國提款好處在不需要隨身攜帶太多外幣，在當地使用信用卡或金融卡，至自動櫃員機(ATM)或銀行提取現金。但是，都有手續費，不見得比事先兌換好外幣划算，尤其信用卡預借現金牽涉到高利率。另外，在較偏僻或落後的國家及地區，自動櫃員機可能不普遍。

使用信用卡提款

若已經持有信用卡，可以在國外有顯示VISA或MasterCard標誌的自動櫃員機預借現金（Cash

Advances）。或在銀行營業時間進入銀行，出示信用卡及帶照片的有效證件（如護照），告知櫃台人員要預借現金。

無論使用自動櫃員機或由人工服務，都會要求持卡人輸入密碼（PIN）。因此出國前必須先與發行信用卡銀行設定海外提款密碼。此外，每家發卡銀行都有跨國提款的額度限制，並且收取手續費（多數為預借現金×3％＋台幣150）；而且，發卡銀行在持卡人取得現金後立刻開始計算利息，利率通常較高，在出國前最好查詢清楚。而在國外使用的ATM所屬銀行也可能收取手續費。

使用金融卡提款

金融卡或稱借記卡、轉帳卡、扣款卡，若持有台灣金融機構發行、且具有跨國提款功能的金融卡，也可在海外自動櫃員機提取當地貨幣。

台灣發行的金融卡因為合作對象不同，提領現金的對口單位也不一。例如，郵局及台新銀行金融卡對上VISA金融卡，台灣及兆豐銀行對上Cirrus，中國信託銀行對上Maestro及Cirrus（兩者都屬MasterCard集團），匯豐銀行為Plus。

金融卡也能刷卡購物，與信用卡不同的是，購物或提領的金額直接從帳戶中扣除，不牽涉利息，也無法提領超過帳戶存款金額。但是，發卡

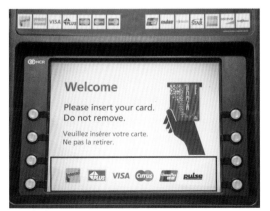

▲ VISA或MasterCard信用卡標誌和VISA、Cirrus、Maestro及Plus金融卡標誌

金融機構也收取手續費及匯率轉換費（國際清算手續費），大多是提現金額×1.5％＋台幣75），而在國外使用的ATM所屬銀行也可能收取手續費。

跨國提款步驟 Step by Step

Step 1 確認提款機有跨國提款標誌

Step 2 插入信用卡或金融卡

Step 3 輸入密碼

Step 4 選擇Withdrawal(提款)

Step 5 選擇提款金額

Step 6 拿取現金及收據

貼心 小提醒

重要證件記得做備份

網路：最好的方式是將所有必要證件(含大頭照檔案)，先寄到自己的電子信箱內，萬一旅遊途中不慎遺失全部重要文件時，還可以上網列印自己的證件影本。

影印：除了上述的雲端備份外，建議隨身準備證件影本及大頭照數張，分別放在不同的行李箱或隨身行李，以供緊急狀況時使用。

手機、相機：可用有照相功能的手機或數位相機拍照備份。

保險、行李打包

考慮投保旅遊保險，打包行李注意細節

旅遊保險

Preparation

健保

依照健保署規定，在國外旅遊臨時發生緊急傷病情事，必須當地就醫時，回國後可以檢具收據正本、費用明細、診斷書（或出院病歷摘要）、當次出入境證明文件影本和核退申請書，在門診、急診或出院當日6個月內，向投保單位或個人所屬轄區的分區業務組申請核退醫療費用。詳情可查詢健保署網站：www.nhi.gov.tw。

但是，健保署每季公告的核退金額訂有上限，例如112年7～9月門診每次台幣1,059，急診每次台幣3,552，住院每日台幣6,556，遠遠低於國外就醫費用；而且所謂「緊急傷病」有範圍限制，因此可能要考慮另外購買旅行保險。

商業保險

既然健保對於國外緊急傷病就醫給付明顯不足，海外旅遊是不是應該另外自掏腰包購買保險？其實，台灣金融機構所發行的信用卡多包含「旅遊平安保險」及「旅行不便險」。兩項保險由信用卡銀行免費贈送，基本條件是機票全額及旅行團費80%必須以信用卡支付，事故發生時信用卡還必須在有效期。

「旅遊平安保險」通常理賠使用大眾交通工具，如班機或遊覽巴士，遇到事故致使死亡或身體傷害。死亡賠償額度視持卡人信用卡等級而異，可以達到數千萬；但是因意外事故產生的醫療費用，理賠金額相當低。此外，航空公司及旅遊公司也都有保險，萬一發生事故，也都背負賠償責任。

「旅行不便險」的理賠項目包括班機延誤、行李延誤、行李遺失、旅行證件重置、劫機補償及行程因故縮短等，賠償金額也有限。

真正需要的旅行保險，可能是旅遊綜合保險項目下的「海外突發疾病住院醫療費用保險」以及「海外突發疾病門診醫療保險」。不過，保險公司在海外突發疾病住院醫療費用給付上限不會太高（譬如最高台幣100萬），門診給付額度更只是住院醫療費用的千分之五；而且規定「疾病」必須是「突發」，在保單生效前180天內有相同疾病的治療紀錄則不理賠；同時還要扣除健保已給付的費用。

▲ 設在機場的商業保險公司櫃台

託運行李注意事項
Preparation

　出國旅行攜帶行李最基本原則是自己能提得動。雖然從台灣到美國及加拿大，大部分航空公司都允許託運2件行李，如果行程不超過2週，其實1件託運（24～25吋中型行李箱），1件手提也就夠了。而美加航空公司，如加拿大航空、聯合航空（United）、達美航空（Delta）只允許免費託運1件行李，第二件要付$100美金或加幣，那更沒有理由帶兩件行李。

　此外，2件行李的規定適用於國際航線，在美國或加拿大境內旅行，可能搭乘不同於越洋航線航空公司的班機，有些航空公司每件行李都收費，大約每件$25～35美金，多一件行李意味多一筆開銷。

手提行李

　手提行李1件，有體積和重量限制，建議最好用背包，至少可以空出一隻手。而手提包、相機包、電腦包等裝載個人物品的箱包，不計算為手提行李，也可隨身攜帶1件。各航空公司行李規格及託運件數限制不同，出發前請查詢確認。

貼心 小提醒

隨行李附上聯絡方式

　雖然航空公司沒有硬性規定，最好在行李綁上名條及連絡方式，萬一行李遺失較易追蹤；託運後航空公司的行李條要妥善保存。

牙刷、牙膏及梳子必備

　加拿大及美國一般旅館基本會供應浴巾、小方巾及肥皂，檔次較高的會提供洗髮精、潤絲精、乳液、吹風機、熨斗等用品，很少旅館提供牙刷、牙膏及梳子；若投宿青年旅店，所有盥洗用品都需自備。

行李檢查表

√	證件／單據／金錢(隨身攜帶，不可放在行李裡託運)
	護照正本及影本
	國際駕照正本及影本／有效期內的台灣駕照正本
	大頭照(2張以上)
	電子機票行程單
	旅館名單
	旅遊行程計畫
	保險單(若買了旅行意外險，最好是英文的)
	信用卡及影本(Visa/ MasterCard/ American Express)
	金融卡及影本
	加幣現金

√	日常用品
	輕便雨衣／陽傘／帽子(遮陽／保暖)
	眼鏡(遮陽鏡、近視及老花鏡)
	游泳衣褲(泡溫泉需要)
	針線包／污衣袋
	手套(搭乘大雪車登上冰川可能需要)
	夾腳拖鞋
	保溫杯／瓶(視個人需要)
	水果刀(隨大件行李寄送)

√	衛生用品
	紙手帕／濕紙巾
	牙刷／牙膏／牙線／梳子
	指甲刀／刮鬍刀(隨大件行李寄送)
	洗髮／潤絲精／沐浴乳(隨大件行李寄送)
	護膚乳液(隨身只能攜帶3oz或100ml，大瓶隨大件行李寄送)

√	藥品
	感冒藥／止腹瀉／胃藥／維他命
	慢性病藥(如高血壓)
	外傷急救(如OK繃)
	止癢膏／風油精／白花油／驅蚊劑

√	電子產品
	相機／錄影機／記憶卡(建議至少32G)
	充電器或電池(備份電池，以免旅途中停機)及電源線
	轉換插頭(加拿大電壓、插座與台灣相同，若需要2轉3請自備)

機場篇
Airport

抵達加拿大機場時，如何順利入出境？

本篇主要介紹抵達加拿大兩大熱門景點的機場：溫哥華機場及卡加利機場。

如何在這兩大機場通暢無阻地入出境、通關、提領行李、轉機以及選擇交通工具前往目的地？

即使是第一次到加拿大的旅人，也能一書搞定「如何去？」及「如何回？」的重點提示，

順利完成人生旅程中的美好篇章。

入出境與通關

Passeports internationaux

国际护照

外国人

국제 여권 소지자

ਇੰਟਰਨੈਸਨਲ ਪਾਸਪੋਰਟ

直接入境或經美國轉機入境加拿大時，請先準備好海關申報單

入境加拿大

Airport

直接飛抵加拿大機場入境

2017年4月20日起，溫哥華機場全面啓用自助電子通關系統（Primary Inspection Kiosks, PIK），旅客將在機器上掃描護照、回答問題、拍照、完成申報，然後列印出海關單，連同護照，前往邊境管制局（Canada Border Services Agency, CBSA）通過查驗，才能提取行李出境。

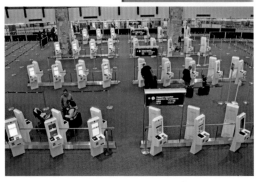

電子海關申報單

雖然電子系統取代紙本申報單，基本上內容並無太大出入，一次最多能申報居住同一住址的5人，而且可以選擇中文操作。主要回答的6個問題包括：

我/我們帶了以下物品進入加拿大（I am/we are bring into Canada），以下問題均是「是（Yes）」與「否（No）」的選擇題。

■槍械或其他武器。

■商業貨品，無論是否販售（例如樣品、工具、設備）。

■肉類/肉類製品；奶品；水果；蔬菜；種籽；堅果；植物及動物或製品；切花；泥土；木頭/木製品；鳥類；昆蟲。

■現金或等值貨幣超過1萬元加幣。

■未隨身攜帶但隨後會運到的貨品。

■我/我們已走訪或即將訪問在加拿大的農場。

通關APP

在使用電子通關系統同時，加拿大邊境管制局也推出通關APP，可以下載APP，於下飛機前完成填寫（飛航模式下可使用），並取得QR CODE。下機後，在入境大廳通關電腦上掃描QR CODE，可節省至少50%時間。

填寫通關APP的步驟

Step 1 開啟APP 選擇語言

Step 2 使用條件 點擊接受

Step 3 選擇國籍

如果不是加拿大公民或居民，選擇國籍台灣（Taiwan, Republic of China）。

Step 4 開始填表

內容依序為航班、申報人數、旅行目的、停留期間、是否超過個人免稅額度（Personal Exemptions），回答同上的6個問題。複核填寫內容無誤，點擊創建QR CODE。

Step 5 儲存 QR CODE

由於QR CODE有效期只有24小時，太早填表屆時還必須更新，因此最好掌控時間。

■ 經美國轉機入境

若先到美國城市譬如洛杉磯（LAX）、舊金山（SFO）、西雅圖（SEA）後才轉機溫哥華或卡加利機場，在美國必須先通過移民局與海關，也就是說，行前要辦理美國免簽，並在入境美國前填寫海關單；然後依序通過移民關→提取行李→通過海關繳交海關單，才將行李送回輸送帶，續往登機門轉機至加拿大。

進入美國移民關時，移民官會要求打指紋，依序為右手4指併攏，右手姆指；左手4指併攏，左手姆指；面對攝像頭照相，手續完成後即可前往轉盤提取行李。

♥ 貼心 小提醒

美國ESTA旅行許可

網路辦完美國免簽後，旅客資料已輸入電腦，理論上不需要隨身攜帶列印的旅遊許可去機場。不過，美國國土安全部建議旅客列印對旅遊許可申請的回覆，以便保存自己的旅遊許可申請號碼且確認自己的ESTA狀態。此外，從加拿大經美國返台時，溫哥華、卡加利機場報到櫃台會要求查看ESTA許可。

入境加拿大免稅品額度

禮物（除去酒及菸）價值不超過$60加幣。

1.5公升酒或1.14公升烈酒，或24罐(瓶)355毫升啤酒。

200支香菸、50支雪茄或200克菸草成品。

認識溫哥華機場

溫哥華機場(YVR)是出入加拿大西岸的門戶

溫哥華機場位於列治文(Richmond)的海島。從外觀看，國際線、美國線與國內線都在同一片屋頂下。與街道相通的2層(Level 2)為抵達層(Arrivals)，3層(Level 3)為出發層(Departures)，國內航線在抵達層下另有1層(Level 1)服務廣場(Services Plaza)，設有商店提供郵政、藥妝等服務，也有便利超商；而國內及國際線分別有通道前往4層(Level 4)的天車站。國際線與美國線在抵達層使用同一出口，出發層則各設報到櫃台及安檢入口。

溫哥華機場航廈禁止吸菸，癮君子只能在航廈外的指定地點吸菸。機場航廈內全面Wi-Fi環境，上網相當方便。

▲ 溫哥華機場外觀

▲ 吸菸指定區　　　▲ 航廈內免費上網

路上
觀察
充滿原住民風情的機場

國際旅客進入機場即能欣賞到原住民藝術創作，以國際航廈3樓的「海達島精神」(The Spirit of Haida Gwaii: The Jade Canoe)最著名，以玉石的綠色呈現銅鑄的原型，作者比爾雷德(Bill Reid)將海達族傳說與現實存在的動物，如鼠女人、熊、河狸、鷹、狼和人都放在同一艘獨木舟裡，兩棲的蛙吊船尾，掌舵的是神奇的大烏鴉。

▲ 雷鳥　　　▲ 海達島精神

▲ 大烏鴉與鮭魚婦的故事

溫哥華機場入境
Airport

Step 1 沿著指標走

出機艙後沿著「所有乘客」（All Passengers）指標前進，進入邊防及移民區。引領入境的標語可能有很多版本，但只要依循行李圖樣走就不會錯。

Step 2 護照查驗

持護照及列印的加拿大海關申報單往邊防及移民關報到。移民官可能會問你：從哪裡來？搭哪班飛機？來加拿大做什麼？要停留幾天？會去哪裡？有沒有親人在加拿大？有沒有帶肉類及植物？或攜帶超1萬加元等值貨幣？

Step 3 提領行李

通過邊防及移民關後，從螢幕上尋得行李轉盤號碼，到轉台提取行李。

抵达			
12:15	TS297	Glasgow	24
18:40	AA6219	London	23
	0133	Taipei	23
19:25	BR10	Taipei	23
19:40	MU597	Shanghai	25
19:55	AS2232	Portland	33
19:59	AC8098	Seattle	20
20:15	AA2369	Dallas Ft Wrth	20

行李轉盤號
Taipei 出發城市
航空公司
EVA AIR
BR10 航班號

Step 4 出海關到迎客大廳

提出行李後，將海關申報單交給海關人員，即可跟隨「出口」（Exit）標示入境。跟隨出口標示入境前會先經過卑詩省旅遊局資訊中心。然後進入迎客大廳，看見接機人潮。

▲ 卑詩省旅遊局資訊中心

出境大廳往這邊　　轉搭加拿大國內班機往這邊
▲ 往左出口入境加拿大，直走轉加拿大航空公司國內班機

行家祕技 調整手表時差

溫哥華位在太平洋時區(Pacific Time Zone)，夏天比台灣時間慢15小時，冬天則為16小時。例如夏天台灣為15日08:00，溫哥華為14日17:00；冬天則為16:00。卡加利位在山區時區(Mountain Time Zone)，比溫哥華快1小時，溫哥華17:00，卡加利便是18:00。

飛機將降落前，機長或空服人員都會宣告當地時間(Local Time)，請聽清楚後調整手錶，以免耽誤轉機。(時差請見P.17)

Steps ▶ 入境加拿大步驟

1. 沿著指標走 ➡ 2. 護照查驗 ➡ 3. 提領行李 ➡ 4. 出海關

跟著行李指標走
Welcome to Vancouver
Bienvenue à Vancouver
溫哥華欢迎你
訪加旅客排這邊
加拿大國民排這邊

行李轉盤位置看這裡

轉搭國內線航班
Airport

轉搭國內航班，仍先將行李取出

無論溫哥華是最終目的地或還是轉機點，由於溫哥華是進入加拿大國境第一關，即使行李條已標明到卡加利（YYC），仍然要將行李取出，通過海關，然後才能按標示，擲回搭乘航空公司的輸送帶。

有登機證且行李已掛到目的地

如果要轉國內班機，行李條已掛到最終目的地，且已有登機證，出海關後，跟隨「國內航班中轉」（Canada Connections）標示，將行李放到搭乘的航空公司輸送帶，然後搭乘電扶梯到3樓（Level 3）國內線，經過安檢，再依據螢幕顯示的登機門登機。

無登機證且行李只掛到溫哥華

若未有中轉航班登機證，行李只掛到溫哥華（YVR），那就必須將行李提到3樓國內線櫃台重新報到，寄行李並取得登機證後，經過安檢，前往指定登機門登機。

注意轉機航班

若是轉搭加拿大航空（Air Canada）國內線，出口前就要將行李交出，加拿大航空轉機輸送帶在面向出口的右邊角落；轉搭西捷航空（WestJet）航班，則在海關出口後，依標示擲交行李，然後經過卑詩省旅遊局資訊中心，進入迎客大廳，搭乘電扶梯上3樓國內線轉機。

▲ 國際及國內線的報到櫃台都在3樓，依指標續前行，即可抵達國內線報到櫃台及登機門

西捷航空　加拿大航空

行家祕技　**自助報到機**

目前多數航空公司國內線多採用自助報到機，讓旅客使用機器報到，印出登機證。在機器報到過程中，會詢問旅客有幾件行李？並列印出相應的行李條。不寄行李的旅客，可持登機證直接經過安檢前往登機門；要寄行李的旅客，在取得登機證後，還需前往擲交行李的櫃台報到，工作人員會核對旅客與行李條，將行李貼條後給予收據。

國外自助報到機未必使用中文，不過，報到機旁總會有航空公司人員提供服務，只要提供證件、電腦訂位代碼，大多可立即搞定。不然也可以直接前往櫃台請求協助。

▲ 加航自助報到機　　▲ 西捷航空自助報到機

溫哥華機場出境
Airport

Step 1 抵達正確航廈

溫哥華機場只有一座航廈,內部分美國、國際及國內線櫃台。出境應該從3層(Level 3)出發層入門。

▶ 出境從3層出發

Step 2 找到Check-in櫃台

國際線與美國線可從同一門進入,但報到櫃台及安檢入口不同。如果從溫哥華直飛台灣,可前往國際線櫃台尋找搭乘的航空公司櫃台報到;若從美國轉機,必須在美國線的相應航空公司櫃台報到。

比較特別的是,進入美國的移民局及海關手續,由設置在溫哥華機場內的美國官員負責辦理,稱作「提前清關」(Pre-Clearance)。也就是說,進入美國不用再辦移民局及海關手續,抵達美國轉機機場後,只要經過安檢,就可往登機門登機。因此往櫃台報到前,必須先填寫美國海關報關單。

Step 3 安全檢查

搭乘直飛台灣航班旅客,在櫃台取得登機證及託運行李收據後,即可持護照及登機證進行安檢。經由美國轉機旅客,在取得登機證及託運行李收據後,需要持護照、登機證與貼條的行李進入安檢站。進門後會有輸送帶收取行李,然後再攜帶手提行李接受安檢。

Step 4 護照檢查站

直飛台灣的旅客,安檢過後即進入移民關查驗護照及登機證,過關即可前往登機門。前往美國轉機的旅客,進入美國移民關後,移民官會要求打指紋,依序為右手4指併攏,右手姆指;左手4指併攏,左手姆指;面對攝像頭照相,然後收取海關單。

Step 5 前往登機口

依照登機證標明的登機門及登機時間前往登機。

Steps ▶ 出境加拿大步驟

1. 抵達航廈 → 2. 辦理登機 → 3. 安全檢查 → 4.查驗護照,前往登機口

如何從機場往返溫哥華市區

天車加拿大線
Canada Line

▲ 天車加拿大線

網址：thecanadaline.com

加拿大線機場支線是往來機場與溫哥華市中心及列治文（Richmond）最便捷的公共交通工具。

天車站在航廈對面，設於機場國際線與國內線之間，到溫哥華市中心為兩區段，用時26分鐘；列治文為一區段，用時18分鐘。

天車分3區段收費，1區段票價$3.15，2區段票價$4.55，3區段$6.20。週六、日及假日和週一～五18:30以後，不分區一律$3.15。但是，如果在機場支線的3站（YVR-Airport / Sea Island Centre / Templeton）機器購票，必須附加$5元機場費。

若想避免機場費，可在搭車前，先前往國內線服務廣場（Level 1）的7-11或PharmaSave藥妝店查詢並購票。如果日間即抵達，比較划算的是購買日派司（DayPass），一張$11.25，可在24小時內不限次數搭乘天車、公車及海上巴士。

▲ 7-11買天車票，可省$5元機場費

▲ 天車站設於機場國際線與國內線之間，位置在航廈對面頂樓（Level 4），有通道前往

計程車
Taxi

溫哥華機場大約有500輛持有執照的黃色計程車（Yellow Cab），提供24小時全天候服務；有時也見來自列治文（Richmond）的紅色計程車。車資以時間及里程計算，分區收費，車資在$20～40之間；跨出分區收費範圍則啟動碼錶計費。另有大型轎車及禮車，也按車型大小分區計費。

http 詳情查詢：www.aerocar.ca

▲ 計程車

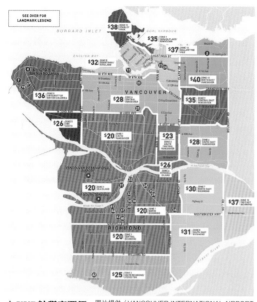

▲ YVR計程車票價　圖片提供 / VANCOUVER INTERNATIONAL AIRPORT

長途巴士
Long Distance Scheduled Buses

前往惠斯勒、維多利亞

從機場前往惠斯勒（Whistler）的巴士，由Sky-lynx公司經營，可上網預訂或在國際出境大廳買票。**http** www.yvrskylynx.com

BC Connector配合渡輪班次往返溫哥華與維多利亞。**http** www.bcfconnector.com

前往西雅圖

機場也有巴士到美國華盛頓州西雅圖（Seattle）市區及機場。若打算跨越國界，必須先辦理美國免簽。前往西雅圖巴士也可網上預訂或上車購票。**http** www.quickcoach.com

旅館穿梭車
Hotel Courtesy Shuttle

穿梭巴士大多免費接送旅館客人。國際航廈抵達大廳有直撥到旅館的免費電話，可按號碼撥通旅館，告知需要穿梭車，然後出機場過街直行，在右手邊標示有旅館免費穿梭車的車站等車。列治文20餘家旅館都有專車或合用的穿梭車。

▲ 旅館穿梭車　　▲ 旅館穿梭車搭乘處

- 免費穿梭車候車區
- 旅館免費穿梭車
- 停車場穿梭車
- 航空公司僱員穿梭車

Courtesy Shuttles Zone
. Hotel Courtesy Shuttles
. Parking Shuttles
. Airline Employee Shuttles

租車
Car Rentals

溫哥華機場停車樓底樓有租車公司櫃台，可以依指標前往辦理租車手續並取車。設置在停車樓底樓的租車公司包括：National/Alamo、Budget、Hertz、Avis、Dollar/Thrifty；在機場外圍的租車公司為Enterprise，可搭乘免費穿梭車前往取車。租車細節請參考P.48。

◀ 租車公司櫃台方向指標

Car Rentals
Voitures de location
租車

National/Alamo
Budget
Hertz
Avis
Dollar/Thrifty

▼ 租車公司免費穿梭車

Car Rentals - Shuttles
Navettes - voitures de location
租車

認識卡加利機場

卡加利機場(YYC)是距離加拿大洛磯山最近的國際機場

位在市區東北17公里的卡加利機場(YYC)，是距離加拿大洛磯山最近的國際機場。2016年底，新的國際航廈落成啟用，將國際航線移往D區，美國航線占用E區，國內航線則分布於A、B、C區。A與D、E區有電車(YYC Link)穿梭，共4站，歷時5分鐘。航廈1層(Level 1)是抵達層(Arrivals)，2層是出發層(Departures)。國內(06:00～23:00)及國際抵達層(08:00～01:00)和D、E出發層，都有資訊中心(Info Centres)，如果需要翻譯，可前往尋求協助。

卡加利機場向旅客展示的是西部牛仔的好客熱情，機場內經常得見頭戴白色牛仔帽、身著紅色背心的志工，為旅客服務；穿著紅外套的機場服務大使(Customer Care Ambassadors)，也熱心服務旅客。

卡加利機場入境
Airport

在溫哥華機場辦妥移民及海關入境手續後，表示已經合法進入加拿大，前往卡加利算是國內線，到達後只要提取行李即可出門。

但是，在溫哥華通關時，即使行李條直掛卡加利機場，仍然必須將行李取出查驗。因此，通過溫哥華海關後，必須將行李再送回輸送帶，然後才前往國內線通過安檢登機。

▲ 提取行李和前往地面交通

 豆知識

卡加利的白色牛仔帽

白色牛仔帽代表卡加利好客傳統。1948年，卡加利美式足球隊開拔到多倫多與渥太華隊爭霸，隨火車專車前往助陣的啦啦隊員，每人都戴上白色牛仔帽，其中包括1950年當選市長的麥克凱(Don MacKay)。上任後每次貴賓來訪，麥克凱都以白色牛仔帽相贈表示歡迎，成為卡加利傳統。傳統仍然繼續，如今遊客只要買一頂白色牛仔帽，舉右手宣示會將卡加利待客熱情發揚光大，即可成為卡加利榮譽市民。

如果從美國轉機到卡加利

如果行李直掛卡加利，但經過美國城市轉機，到美國前須先申請美國免簽，通過美國移民局與海關，然後將行李送回輸送帶，再通過安檢，續往登機門轉機。

如果卡加利是旅客進入加拿大的第一站，就必須通過邊境管制局及海關，依與溫哥華入境相同的通關步驟入境。（見P.35）

▲CBSA是加拿大邊境管制局(Canada Border Services Agency)的縮寫

→台北兩張登機證，行李直掛台北。取得登機證和託運行李收據後，即可前往安檢。

若從卡加利飛往美國機場轉機返台，手續則和溫哥華機場出境一樣，要做「提前清關」，因此到櫃台報到前，必須先填妥美國海關單。報到後，也會取得卡加利→美國城市、美國城市→台北兩張登機證，並由於「提前清關」，行李會直接掛到桃園機場，中途不必再提出。

▲卡加利飛往美國機場轉機返台報到櫃台

卡加利機場出境
Airport

 Step ### 抵達正確航廈

卡加利機場出境在2層。

 Step ### 找到Check-in櫃台

進入機場2層後，尋找所要搭乘的航空公司報到櫃台。由於機場未有班機直飛桃園機場，多數旅客會需要先搭機飛往溫哥華轉機。在卡加利機場櫃台會取得卡加利→溫哥華、溫哥華

 Step ### 安全檢查

櫃台完成報到程序後，無論到溫哥華或美國城市轉機，在卡加利機場都需要持護照及登機證通過安檢。到達溫哥華或美國城市轉機前，還要再經過一次安檢。

 Step ### 護照檢查站

安檢通過後，到溫哥華轉機的旅客可逕往登機門候機。前往美國轉機的旅客，則需要通過美國移民局及海關的查驗，才能過關。

 Step ### 前往登機口

依照登機證標明的登機門及登機時間前往登機。

如何從機場往返卡加利市區

公車
Calgary Transit

從機場到市中心可搭乘300號公車，發車時間為05:00～00:00，每小時的5及35分出發。一日派司（DayPass），可全天使用於公車系統，單程成人（18～64歲）$11.25、青少年（13～17歲）$8.25。上車地點在停車港7、32（Bay7、32）；購票地點在C區出發層的加拿大航空報到櫃台後的Sandstone Ph-armacies；或以信用卡、現金硬幣，在抵達層1號門外的7號柱（Pillar 7）、15號門外的32號柱旁售票機購票。

從市區返回機場，只需要購買普通車票，即可搭乘300號快速公車（成人$3.60、青少年$2.45）。

http 上車地點查詢：www.calgarytransit.com

▲ 從市區往返機場300號公車

貼心 小提醒

交通費省錢訣竅

如果抵達市中心就不會再搭公車，最省錢的方式是在機場搭乘100號公車到Mcknight-West-winds輕軌站，然後換乘往市區的輕軌列車（69th St），票價$3.60。上公車後要記得向司機索取轉乘券（Transfer），90分鐘內有效。

◀ 100號公車到Mcknight-Westwinds輕軌車站

計程車
Taxi

卡加利機場計程車授權Associated Cab經營，搭車地點在1號、6號及15號門外。車資按時間及里程跳表，機場到市區約在$40～45間。2、11、15號門外，即是大型轎車（Sedan Services）上車處。轎車車資按分區採取統一費率，費用大約較計程車貴25%。機場到市區$68.75，回程$57.5。有關費率及分區，可以查詢經營轎車服務的Allied Limousine公司網址。

http 機場計程車：www.associatedcab.ca
Allied Limousine轎車：www.calgarylimo.com

市區穿梭車
Downtown Shuttle

卡加利機場與市區間穿梭巴士由Allied Shuttle

經營，來往於機場、灰狗巴士站（Greyhound Bus）及市中心多家旅館。營業時間03:30～23:00每30分鐘一班。單程票價機場到市區$15，市區往機場$10。可在機場抵達層5及12號門的Allied Shuttle櫃台（08:00～00:00）或上車購票（19及29停車港）。也可以先行透過網站訂票。上車地點在8號停車港（Bay 8）。

http www.airportshuttlecalgary.ca

旅館穿梭車
Hotel Courtesy Shuttle

多家旅館提供免費穿梭車服務，旅館名單可在機場網站地面交通項下取得。抵達卡加利機場提取行李後，可打電話通知旅館派車。通常旅館會單獨出車，或數家旅館共車，車身上或車頭跑馬燈會標明旅館名稱。上車地點在抵達層的停車港16、17（國內線）及37（國際線）。

長途巴士
Long Distant Scheduled Buses

定期長途班車由Red Arrow Motorcoach經營，往返Edmonton、Lethbridge、Red Deer等城市。上下車地點都在機場出發層11號出口。

http ww.redarrow.ca

定期長途班車Red Arrow ▶ Motorcoach

機場→班芙交通車
Banff Airporter

往來於卡加利機場與坎莫爾（Canmore）及班芙（Banff）。班芙機場專車的櫃台位於抵達層B區（Area B），5、6號門之間。

http 時刻路線及票價查詢：www.banffairporter.com

布魯斯特機場→班芙快捷
Brewster Express

多到班芙、露易絲湖（Lake Louise），其中一班車延長到哥倫比亞冰原中心（Icefield Centre）及傑士伯（Jasper），也可搭乘其中任何一段，如班芙到露易絲湖。車票必須預訂，票價不包括5%聯邦銷售稅（GST）及國家公園門票和司機小費。

http 時刻路線及票價查詢：
www.explorerockies.com/airport-shuttles

租車
Car Rentals

多家租車公司在機場租車中心（Rental Car Centre）設有櫃台，包括Avis、Budget、Dollar/Thrifty、Enterprise、National/Alamo。從機場出發層（Departure Level）過街到中心即可辦理租車手續。Discount租車公司在機場外圍，可在6號停車港（Bay 6）搭乘免費穿梭車前往取車。（租車細節請參考P.48）

交通篇
Transportation

如何利用各樣交通工具順利抵達目的地？

介紹加拿大境內各種交通工具，幫助你找到最合適自己的交通工具，
充分掌握旅遊期間的交通資訊。

加拿大境內交通

飛機、火車、巴士四通八達

飛機 *Airlines*

從溫哥華開車到卡加利，里程超過900公里，但飛行時間不到100分鐘。目前提供固定航班的航空公司包括：加拿大航空、西捷航空及聯合航空。西捷航空以加拿大國內、美國及加勒比海為主要市場，不飛亞洲；加拿大航空雖有直飛班機，其實與長榮同一班。聯航無直飛班機，要在舊金山轉機。

飛航溫哥華(YVR)與卡加利(YYC)的航空公司

航空公司	網址
加航(AC)	www.aircanada.com
西捷(WJ)	www.westjet.com
聯合(UA)	www.united.com

▲ 加拿大國鐵

▲ 溫哥華車站

火車 *VIA Rail Canada*

 www.viarail.ca

加拿大國鐵（Via Rail）掌理鐵路客運，跨越加拿大8省大城小鎮。票價基本上分經濟座、商務座，長途的還設臥鋪及豪華臥鋪。

加拿大國鐵最主要的3條路線

■ **Canadian**：來往溫哥華到多倫多(Toronto)，由於東向使用CP軌道，西向使用CN軌道，因此行車時間不同，西向為3天8小時42分，東向為3天10小時。雖然全程65站，但只有10站必停，其餘小站可應旅客事先要求停靠；其中傑士伯(Jasper)站是遊覽加拿大洛磯山的北邊門戶城鎮，火車靠站後停留時間較長。

- **Ocean**：來往魁北克（Quebec）的蒙特婁（Montreal）及濱臨大西洋的新斯科舍省（Nova Scotia）省會哈利法克斯（Halifax），單趟耗費21小時。

- **Corridor**：來往魁北克市（Quebec City）及溫莎市（Winsor），這是加拿大國鐵最熱門的路線，占國鐵收入9成。其實路線的重心為多倫多，從多倫多可到首都渥太華（Ottawa）、魁北克省的蒙特婁及魁北克市；支線可達尼亞加拉瀑布（Niagara Falls）；還與美鐵（Amtrak）連線到美國的紐約市。

行家祕技　如何要求停靠小站

查詢火車路線時刻表

登入加拿大國鐵網站，點選Plan your trip（旅行計畫），再點選Schedules（時刻表），選擇溫哥華到多倫多（Toronto）路線時刻表。

查詢可要求停靠的小站

時刻表會顯示所有站名，其中標「12」的站表示需要事先要求才停靠；申請列入停靠站名單的站則顯示「L」。譬如要在Mission站停車，必須於溫哥華站申請，而且要在火車出發前40分鐘前到櫃台申請。

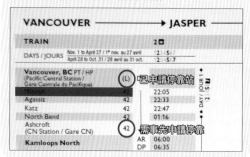

VANCOUVER	→ JASPER		
TRAIN		2 ◻	
DAYS / JOURS	Nov. 1 to April 27 / 1ᵉʳ nov. au 27 avril	1 2 4 5 6 7	
	April 28 to Oct. 31 / 28 avril au 31 oct.	1 2 4 5 7	
Vancouver, BC PT / HP (Pacific Central Station / Gare Centrale du Pacifique)	(L)	◻申請停靠站	DAY / JOUR 1 ① 2 3 4 5
Mission	42	22:05	
Agassiz	42	22:33	
Katz	42	22:47	
North Bend	42	01:16	
Ashcroft (CN Station / Gare CN)	㉜	需事先申請停靠	
Kamloops North		AR 06:00	
		DP 06:35	

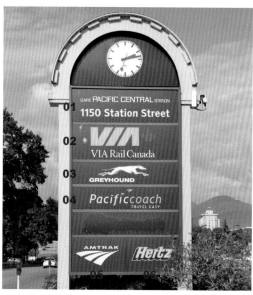

01溫哥華太平洋中央車站地址／02加拿大國鐵／03灰狗巴士／04太平洋線巴士／05美國國鐵：美國國鐵與加拿大國鐵有連線合營，從溫哥華可以搭乘美鐵到華盛頓州西雅圖（Seattle）及奧勒岡州波特蘭（Portland）和尤金（Eugene）／06Hertz租車

灰狗巴士
Greyhound Canada

🔗 www.greyhound.ca

灰狗巴士是加拿大最主要的道路交通工具，行程遍及逾千處大城小鎮。溫哥華、惠斯勒、卡加利、傑士伯等城鎮都在灰狗巴士路線上。

租車
Car Rental

租車公司

http www.avis.com

http www.alamo.com

http www.nationalcar.ca

http www.hertz.com

http www.budget.com

http www.enterprise.com

http www.dollar.com

http www.thrifty.com

1. 溫哥華機場的Enterprise租車公司不在機場內而在附近，需要搭乘公司的穿梭車，但租車費仍計機場稅。
2. 網址可搜索機場以外的租車地點。

租車條件

■ **證件**：信用卡（主要有Visa、MasterCard、American Express），國際及國內駕照。

■ **年齡**：多數租車公司以租車人年滿25歲為基本條件。21～24歲可租車，但會增加租車費用。（如何辦理國際駕照請參閱P.25）

租車注意事項

■ **無限里程附有地域條件**：訂車時即要看清里程及地域規定。無限里程（Unlimited Mileage）當然是最優惠的，但是，目前各租車公司對無限里程都附有地域條件，譬如，卑詩省車牌只能在卑詩省內無限里程，出了省界就必須另外收費；或者車子不能前往阿拉斯加（Alaska）或育空（Yukon）。關於出界收費，有些租車公司按天計算；有些則按里程計費，簽約時櫃台人員會告知規定。

■ **不提供無限里程**：有些車型及地區不提供無限里程，通常是給一個里程數目，譬如每天150公里或全程800公里，還車時超過定額的里程或出界都必須另外付費，費用由每公里$1.8～2.5不等，因租車公司而異。

■ **溫哥華租車費用較卡加利高**：在溫哥華租車費用較卡加利高，一方面是卑詩省稅項多，另一方面是卡加利所在的亞伯達省無省稅（PST）。

■ **機場租車費用最高**：機場租車費用最高，因為距離租車地點最近，櫃台服務時間也最長，大抵下飛機立即可取車。在溫哥華機場租車，要付租車費用17.75%的場地稅（Premium location charge），卡加利機場為15.61%；溫哥華機場租車還要付每天$1.5的租車稅（Passenger Vehicle Rent Tax, PVRT）；$0.97／天的牌照稅（License fee）；7%的卑詩省銷售稅（PST），5%聯邦貨品及服務稅（GST）。

▲ 機場租車櫃台

交通篇

網上租車步驟
Car Rental

Step 1 填寫租用時間

填寫取車(Pick Up)及還車(Return)、地點(Location)、日期(Date)、時間(Time)。

Step 2 選取車型

基本包括經濟型(Economy)、小型(Compact)、中型(Mid Size)、大型(Full Size)、

廂型車(Mini Van)；另有豪華車、敞篷車、四輪驅動車、皮卡等。還可以點選查看細節(See Details)，檢查選取車輛的相關資訊。

Step 3 填寫個人資料

包括姓、名、電話號碼及租車將使用的信用卡。

Step 4 確認資訊

確認個人資訊及租車地點、時日、車型、報價(Verify your Information and Book your Rental)。

Step 5 獲取確認號碼

獲取確認號碼後將頁面打印，一方面在租車時向櫃台人員出示，一方面以確認號碼取消預訂較方便。

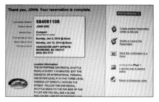

貼心 小提醒

不在機場租車可省去高額場地稅

機場租車牽涉到高額場地稅，若能省去這筆開銷，租車成本自然降低。因此，省錢的基本條件就是不在機場租車。

採取的方式

住宿旅館後讓租車公司派車接人，Enterprise租車公司就提供這項服務。

在旅館裡租車，譬如列治文(Richmond)的希爾頓酒店就附設Enterprise租車公司櫃台。多數旅館都提供機場及旅館間的免費穿梭車(Free Shuttle)。(關於免費旅館穿梭車請見「機場篇」P.39、43)

缺點

交通麻煩。

機場以外的租車地點上班時間比較短，有些地點週末只開半天，甚至不辦公，也就無法辦理租車及還車手續。

租車取車步驟
Car Rental

Step 1 出示證件

出示信用卡及國際、國內駕照。

Step 2 決定是否增加駕駛人

若駕駛不只一人，另外的駕駛人也須符合租車條件，並在租賃合約上簽字。每增一位駕駛，費用每天加$10～15元（視租車公司規定）。

Step 3 決定是否買保險

如果自己有車而自用車的保險也涵蓋租車，或者用以租車的信用卡包含租車險，基本上就不需要在租車時另外買保險。但若擔心國內保險理賠額度不足，或想在發生事故時省心，就不妨購買費用大約是每天$25～30的損失免責險LDW（Loss Damage Waiver）。另外，擔心中途汽油用罄、鑰匙鎖在車裡、輪胎漏氣等情況，則可購買路邊協助服務（Roadside Assistant），費用大約每天$5～10。

Step 4 加油選項

租車公司交車時，油箱應該是加滿的。租車人還車時可以選擇：自行加滿油箱；由租車公司代加滿油箱。簽約時即選擇由租車公司代加油（Upfront Fuel），汽油每公升價格較市價低，但若還車時油箱還滿就未必划算。

Step 5 檢查車體及油錶

仔細查看車體是否有擦撞痕跡，油錶是否滿格，結果均要求租車公司代表在合約上註記。

行車交通規則

遊客憑國際駕照可以租車及購買保險，如有8年以上安全駕駛紀錄證明，則可獲保費折扣。加拿大交通規則與台灣有些不同，開車要留意當地交通規則，以確保安全並避免被罰。

安全帶

駕駛人與所有乘客均要佩戴安全帶，駕駛中不得使用手機或其他裝備。

停車限制

主要道路均設有「禁止暫停」標誌，不可因上下車而暫停。停車場設有「保留」(Reserved)、「專用」、「限制使用」、「限時」等告示，大部分都限制在2～3小時內，違規會遭拖吊或罰金。公共停車場車輛不得過夜。兩車同時搶同一停車位時，以先打方向燈者為先。

停車再行

Stop標誌分為單向、雙向、三向及四向，無論有無來車，均應在路面白線前完全停車，無論直行或左右轉，先到先走，依序通行，違者罰$167。若遇號誌燈故障時，來往車輛亦依序行進。

▲ 四向Stop標誌

交通篇

路口燈號

車流量較大十字路口通常設有左轉車道與燈號，一般為左轉燈號先亮，左轉車先行。在無左轉燈狀況下，綠燈亮後左轉車不可搶先左轉，應禮讓對面來車，安全狀況下才可左轉。除非特別標示，紅燈在無來車或行人狀況下可停車再右轉。有燈號十字路口禁止迴轉(U Turn)。

減速慢行

見有學校區(School Zone)、操場(Playground)牌示，車輛應減速至30公里。遇有校車(School Bus)伸出停車牌示並閃亮紅燈，表示學生正上下車，來往車輛均應停車，以保障學童安全。

▲ 伸出停車牌示並閃亮紅燈，來往車輛均應停車

禮讓人車

在沒有號誌狀況下，支線車輛禮讓幹道車輛，轉彎車禮讓直行車，自用車禮讓公車，車輛禮讓行人。當有行人按下燈號按鈕過斑馬線時，燈號即閃黃燈，車輛必須在停車線前停車，待行人過街後再行；在無燈號與斑馬線路口，遇有行人準備過街時，車輛亦應停車，禮讓行人過街。

高速公路

進入高速公路前在與高速公路平行的加速車道(Acceleration Lane)加速至規定時速，利用車流空間安全地匯入高速車道，不可在加速道減速或停車觀望，以免造成追撞或阻塞。高速公路常設有高承載車道(High Occupancy Vehicle, HOV)，需留意未達規定人數不得行駛。

高承載車道，未達規定▶人數不得行駛，此為兩人以上

特別狀況

遇有警車、救護車在後方鳴笛閃燈時，來往車輛均應靠邊停車，俟警車或救護車通過後，方可行車。如有警車尾隨後方並閃燈鳴笛，應即靠邊停車，搖下車窗，靜坐駕駛座上，等待警員前來盤查。幽靈車(Ghost car)是警方派出巡邏的民車，發現違規車輛即尾隨，並閃紅藍燈示警，遇此情況應比照警車因應。

事故處理

行車發生事故，無論責任歸屬，有人受傷先打911報案，隨後警車、救護車及消防車均會抵達現場處理。若無人受傷，先將現場及相對位置拍照存證，尋找目擊證人，再與對方交換駕駛人姓名、電話、駕照編號並核對駕照相片與保險資料，可將車輛靠邊或開離，隨後再向車輛保險局(ICBC)報案。若車輛已無法開動，可連絡修車廠前來拖車。

溫哥華交通

大溫哥華地區公共交通系統，通稱為大溫運輸聯線(Translink)

大溫哥華地區公共交通系統通稱為大溫運輸聯線(Translink)，由公車(Bus)、天車(Skytrain)及海上巴士(SeaBus)組成，票卡通用。公車行駛路線遍及大溫地區，班次密集，轉乘方便，搭乘公共交通工具遊覽溫哥華最經濟。

▲ 天車加拿大線

交通工具分區收費
Fares

大溫哥華交通局將大溫地區劃分為3個區，溫哥華市為第1區；第2區為鄰近地區，包括列治文、北溫哥華、西溫哥華、本拿比、新西敏等5市；第3區為外圍地區，包括素里(Surry)、三角洲(Delta)、蘭里(Langley)等其他市鎮。

票價以區計算。在同1區內算1區票，穿越兩區要用2區票，行經3區則要用3區票；公共交通系統路線、班次等資料可上網www.translink.ca查詢，各地區圖書館亦可索取時刻表。

大溫哥華運輸聯線分區圖
(圖片翻拍自www.translink.ca)

天車路線圖

康百世卡

Compass Card

大溫地區運輸連線自2016年4月4日起，全面採用康百世卡（Compass Card）。康百世卡分2種，藍色的普通卡（Adult Compass Card）與橙色的優惠卡（Concession Card）。

▲ 普通票　　　　　▲ 優惠票

■ 普通卡可以儲值（Store Value），也可以加入月派司（Monthly Pass）或日派司（DayPass）。但在刷卡時啓動的優先次序是月派司、日派司，然後才是儲值。

■ 優惠卡適用於5～13歲孩童，14～19歲持有學生卡（GoCard）的學生，65歲以上長者。但不能在售卡機購買。

■ 票卡可以在售卡機購買，適合使用單次票或日派司的遊客，但必須當天使用，次日凌晨4時即失效。

■ 康百世卡的基本費用為$6，作為押金，以備儲值不足時使用。取得康百世卡後即可充值，儲值最低金額$10，最高$175。

■ 康百世卡若註冊，在遺失或被偷時可以補發；退卡時除押金外，還可退回餘額。註冊可上網或在康百世卡服務中心辦理。

http www.compasscard.ca/registercompasscard

使用康百世卡

天車及海上巴士入閘及出閘都必須刷卡，以便讀卡機正確計算費用；如果下車忘記刷卡，以單程最高票價扣款。公車只需要在上車時刷卡（見P.55）。

何處購買康百世卡

■ **網購：** www.compasscard.ca，但必須有加拿大地址可收件。

■ **康百世卡服務中心(Compass Customer Services Centre)：** 位置在天車Stadium-Chinatown站及西岸快線水前站（Waterfront）辦公室。

■ **售卡機(Compass Vending Machines, CVMs)：** 機器設置於天車、海上巴士及西岸快線站；卑詩渡輪Tsawwassen及Horseshoe Bay站。售卡機接受硬幣、20元以下紙鈔及信用卡（Visa / MasterCard）、金融卡。康百世卡經銷商（Fare-Dealer）包括London Drugs、Supper Drug Mart藥妝店，Safeway、Save on Foods超市，7-11、Mac's Convenience Store。

http 地址查詢：www.compasscard.ca/FindRetailer

▲ 康百世卡購買店　　　▲ 康百世卡經銷商

▲ 操作時如果選擇Sea Island Only，可以免費往來YVR-Airport，Sea Island Centre，Templeton三站。這型售票機也僅見於此三站。

康百世卡售票機操作步驟

Step 1 選擇語言

Please select a language

英語	English	Français	法語
德語	Deutsch	日本語	日語
阿拉伯語	العربية	中文	中文

Step 2 選擇所需服務

請在下方的讀卡器上輕放您的康百世卡／票，或者選擇一個選項：

購買新卡	新康百世卡	購買單張票	購買單張票
舊卡儲值	重新充值康百世卡	購買多張票	購買多張票
查看餘額	查看餘額	升級您的票	升級(越區補票)

Step 3 選擇票券

請選擇一種購買方式。

$8.00 加拿大元的存款將加到您的新卡的購買費中，自動售貨機內僅售成人卡。

Monthly Pass	月派司
DayPass	日派司
增加儲值	增加儲值

Step 4 選擇儲值金額

請選擇金額。

注：最大儲值金額為 $175.00 加拿大元。

$5.00	$60.00
$10.00	$80.00
$20.00	$100.00
$40.00	最大金額 $175.00

Step 5 確認交易並選擇付款方式

請確認您的交易並選擇一種付費方式。

您選擇了：
Stored Value $5.00
卡費 $6.00

應付金額 $ 11.00

現在請投入現金或選擇：

借記卡	借記卡
信用卡	信用卡
Compass Card	

Step 6 完成付款，取出康百世卡及找零、收據

交通票種及票價

大溫地區運輸連線票價分普通票(Adult)、優惠票(Concession)及月派司和日派司。

票種及票價	1區	2區	3區
月派司(Monthly Pass)			
普通票	$104.90	$140.25	$189.45
優惠票			$59.95
日派司(DayPass)			
普通票	$11.25	$11.25	$11.25
優惠票	$8.85	$8.85	$8.85
儲值價(Stored Value)			
普通票	$2.55	$3.75	$4.80
優惠票	$2.10	$3.10	$4.25
離峰普通票	$2.55	$2.55	$2.55
離峰優惠票	$2.10	$2.10	$2.10
現金價(Cash Fare)			
普通票	$3.15	$4.55	$6.20
優惠票	$2.10	$3.10	$4.25
離峰普通票	$3.15	$3.15	$3.15
離峰優惠票	$2.10	$2.10	$2.10

＊2023年7月1日起生效。可用信用卡付費，價格同現金普通票價。
＊離峰(Off Peak)時間為每天18:30～收班，週六、日及假日。
＊21分鐘內進出同一站免扣費。
＊若在溫哥華機場(YVR)機器購票東向城區，機器會自動加收$5機場費；自城區西行至機場則無附加費

交通篇

公車

Bus

　自2015年10月5日起，溫哥華公車即開始實施一區票制（1-Zone Fare），也就是說，公車路線無論遠近，都只收取一區票價，而且在90分鐘內無限轉乘。但是，公車轉乘票只能轉換公車，不適用於天車或海上巴士。公車感應器可刷康百世卡及信用卡。因為只有一區費率，上車刷卡，下車免刷。若不使用票卡而在上車時投幣購票，必須準備正確票款，現金購票不找零錢。若要轉乘其他路線公車，別忘了向司機索取購票證明，證明背後會標示有效日期與時間。

▲ 公車可供乘客於車頭架裝單車

▲ 公車感應器可刷康百世卡及信用卡

▲ 購票證明背面標示有效日期與時間

▲ 轉乘公車時可以索取購票證明

如何分辨轉運站、公車站及招呼站

　公車站分為轉運站（Exchange）、公車換乘站（Bus Station）及招呼站（Stop）。

- **轉運站**：為市區間換車地點，譬如從列治文市（Richmond）到三角洲市（Delta），設有雷德納轉運站（Ladner Exchange），可轉乘三角洲當地小巴。
- **公車換乘站**：設在市中心或重要換乘地點，或是多路線公車匯集地，各路線公車站牌分別設在不同停車港（Bay）；或是可換乘其他交通工具。例如市中心的天車水前站（Waterfront Station），沒有停車港，但可依指標轉換天車、海上巴士、西岸快線。T代表Transfer即公車換乘站。
- **招呼站**：有乘客上下車才停靠。站牌都標有公車路線號及主要行車方向。

　轉運站與公車換乘站均按表訂時間發車。轉運站、公車換乘站外觀並無特別區分，而是功能不同。

▲ 公車換乘站

▲ 公車招呼站

▲ 公車換乘站

天車
Skytrain

天車有3條路線(路線圖見P.52),均以位於加拿大廣場(Canada Place)附近的水前站(Waterfront)為起點。

博覽線(Expo Line)

博覽線經本拿比市(Burnaby)、新西敏市(New Westminster)開往素里市(Surry),以喬治國王站(King George)為終站,05:08開始發車,尖峰時段2~4分鐘一班,末班00:38開出。

千禧線(Millennium Line)

千禧線在新西敏哥倫比亞站(Columbia)前與博覽線共構,以VCC-Clarke為終點,05:34開始發車,尖峰時段5~6分鐘一班,末班00:31開出。

加拿大線(Canada Line)

加拿大線以列治文—布雷格浩斯(Richmond-Brighouse)站為終點;另有機場支線,以溫哥華國際機場(YVR)為終點,04:48開始發車,尖峰時段6~7分鐘一班,末班01:15開出。

▲ 加拿大線機場支線

海上巴士
SeaBus

海上巴士僅有一條線,自水前(Waterfront)碼頭開出,往返北溫哥華(North Vancouver)龍斯岱

▲ 天車車站,進出閘門須刷卡

爾碼頭(Lonsdale Quay)。水前碼頭在天車水前站內,可依指標前往海上巴士碼頭轉乘。

週一～六06:16～00:46,每隔15或30分一班,末班01:22;週日、假日08:16～23:16每隔30分鐘一班。單程行船12分鐘。

長途巴士
Scheduled Long Distance Bus

Skylynx:有班車從溫哥華機場往返惠斯勒。

BC Connector:配合渡輪時刻,經營機場到溫哥華島維多利亞班車。車票可上網預訂或在國際抵達層電扶梯旁櫃台購買。BC Connector另有往來Whistler、Kelowna、Kamloops的班車。

http Skylynx:www.yvrskylynx.com
http BC Connector:www.bcfconnector.com
www.bcconnector.com

租自行車
Bike Rental

在溫哥華騎單車旅遊是不錯的選擇,爲提倡多騎單車,溫哥華將每年6月定爲單車月(June is Bike)。溫哥華市中心與附近各城市均劃設單車專用道,各公共場所均設有單車架停放單車。

溫哥華市政府推動多年的單車分享計畫,終於在2016年夏天落實。命名「Mobi」的租車派司,以年、月及日計算,觀光客最可能使用的日派司(DayPass),有效期限24小時,不限用車次數,售價$7.5。每次只有30分鐘免費,逾時每30分鐘收費$5。自行車都附有安全帽。

需要租用「Mobi」,必須先上網註冊並設定密碼(PIN),透過email取得7碼的使用者代碼(User Code)才能用車。

http Mobi:www.mobibikes.ca

取車步驟

1.觸碰螢幕開機→**2.**點選「2」,然後輸入使用者代碼(enter)→**3.**輸入密碼(enter)→**4.**聽到1嗶聲後取車(3嗶聲重試)→**5.**安全帽鎖自動開啓,取用安全帽後將纜繩塞入右手把→**6.**上路

還車步驟

1.將車插入車架→**2.**聽到1嗶聲表示停妥→**3.**按左手把端並從右手把拉出纜繩,將安全帽歸位

貼心 小提醒

單車安全事項
騎單車應戴安全帽,單車應備前後燈於天色灰暗時使用。

單車行車應在車道右側
在人行道上騎單車會被開罰單。

公車、天車與海上巴士都可免費搭載單車
每輛公車車頭均設有單車架,可裝兩輛單車,只要上下車時先跟駕駛打招呼即可。

渡輪

BC Ferries

http www.bcferries.com

卑詩渡輪如今擁有36艘船，開闢32條線，不但往來溫哥華本土與溫哥華島，還穿梭於卑詩省海域間的島嶼。船隻最小的可運載95人、12輛車，最大的則可容納2,100人和358輛車。

▲ 卑詩渡輪Tsawwassen站

▲ 氣派的卑詩渡輪

碼頭地址及駕車指示請參考www.bcferries.com：Reserve and Plan➡Finding our Major Terminals 。

溫哥華與溫哥華島間的3條熱門路線

■ **Tsawwassen**←→**Swartz Bay**：1小時35分鐘
■ **Horseshoe Bay(West Vancouver)**←→**Departure Bay(Nanaimo)**：1小時40分鐘
■ **Tsawwassen**←→**DukePoint(Nanaimo)**：2小時

3條線以第1條線旅客最多，班次也最頻繁，但是價格相同。4月底～9月初的夏季班次較多，其他時間減班。

溫哥華(Tsawwassen)至維多利亞(Swartz Bay)渡輪費用

12歲以上成人	$18.5
5～11歲孩童	$9.25
摩托車	$31.95
汽車(車身長20呎以下)	$63.85

＊2023年4月12日生效。另加4%。
＊可用信用卡、現金、旅行支票購票，不接受金融卡。
＊Nanaimo港口稅成人$0.25，孩童$0.15。

▲ 碼頭的登船看板

▲ 在渡輪站，可以從櫃台或機器買票

渡輪登船票解析

目的地
航班時間
票券種類
搭乘日期

洛磯山交通

卡加利輕軌列車市中心段免費

交通篇

卡加利交通
Calgary Transit

卡加利公車系統（Calgary Transit）包括巴士及輕軌列車（Light Rail Transit, LRT）。輕軌列車目前有兩條路線：201（紅線）、202（藍線），全程設有46站。紅藍兩條路線在市中心重疊。巴士路線逾169條，其中5條快車路線（Bus Rapid Transit, BRT），包括機場到市中心的300號公車。

http 卡加利公車系統：www.calgarytransit.com

票價

成人$3.60元，當日90分鐘內可以免費轉乘；日派司（DayPass）$11.25。輕軌列車市中心從市政府（City Hall）至市中心西站（Downtown West）免費搭乘。

普通票	
成人(18+) $3.6	青少年(13-17) $2.45
日派司	
成人(18+) $11.25	青少年(13-17) $8.25
機場巴士(Route 300) $11.25；回程$3.6	

哪裡買票

便利店如Mac's、7-11，超市如Safeway、CO-OP，藥妝店如London Drugs、Shopper's Drugmart及有授權的經銷商均能買票。輕軌車站也有機器賣票，但不找零。

▲ 輕軌列車及車站

▲ 卡加利公車

卡加利車站站牌 ▶

▼ 可買票的商店之一

從卡加利到班芙交通

■ 巴士

■最便宜的巴士票只要$10。巴士只在5月中旬起週五～日行駛，6月中以後加開週四班車。不可退票，可更換時間。車票在班芙還能免費搭乘Roam公車的1、2、4、6路線。卡加利及班芙的乘車地點可上網查詢。

http www.onitregionaltransit.ca

■由幾家公司聯營，包括Poparide、Rider Express、Vivo Green等，使用車輛包括小客車及中型巴士。各家上下客地點不同，可能是機場、旅館或輕軌站。改票及退票辦法不一，票價可從10幾～50幾加幣不等。

http www.busbud.com

■灰狗巴士也有班車，早晚共4班。

http www.busbusgo.com

■布魯斯特快捷巴士（Brewster Express）是往來卡加利旅館、機場與洛磯山脈最老牌的交通車，票價也較高。每天還有一班車延長到露易絲湖、哥倫比亞冰原和傑士伯。

http www.banffjaspercollection.com

■1997年開始經營卡加利機場到班芙穿梭車，座車為10～24人中型客車。票價與布魯斯特快捷巴士相當。

http www.banffairporter.com

遊覽露易絲湖及夢蓮湖新措施

2023年，為保護環境及以價制量，自駕小客車不能直驅夢蓮湖，露易絲湖停車場也開始收費（07:00～19:00，$21）。

依照加拿大國家公園管理局規定，6～10月中，除管理局接駁車（Park Canada Shuttle），Roam的超級日派司乘客及經核可的遊覽車外，前往夢蓮湖必須上網或電話訂票。

■ 訂票

開始訂位時間（Launch date）每年不同，譬如夢蓮湖，即從2023年為4月13日08:00開訂；但只釋出50%座位，其餘位子則在兩日前（譬如週三可訂週五）的08:00開賣。

預訂的時間有1小時窗口，譬如，預訂15:00，可在15:00～16:00之間報到，逾期作廢。訂票完成後，時日都不能變更，但在預訂的抵達時間1小時前可退票。

http reservation.pc.gc.ca，使用此網址訂位，必須先建立帳（GCKey）

C 北美地區1-877-737-3783；北美以外地區1-519-826-5391

$ 票價：$8(18～64歲}，$4(65歲以上)。另加手續費上網$3，電話$6
退票：手續費上網$3，電話$6

▲搭乘處

交通篇

申請電子憑證

自2023年3月起，班芙國家公園夢蓮湖(Moraine Lake)已禁止自駕小客車進入。要走訪夢蓮湖，必須先申請電子憑證(GCKey)，然後登入國家公園預訂網站(Reservation.pc.gc.ca)購買接駁車票。

電子憑證爲進入加拿大政府線上服務的鑰匙，包括國家公園訂位系統。若未預先申請憑證直接進行預訂，系統也會自動轉往憑證申請程序，成功後才會繼續展開預訂確認及付款。

申請電子憑證需要依規定設立使用者帳號及密碼；選擇問題及答案，以備追溯帳戶；並以電子信箱爲聯絡管道。

夢蓮湖與露易絲湖接駁車購票步驟

Step 1 登入國家公園預訂網站

Step 2 選擇日期

選擇當日使用(Day Use)欄目→點選露易絲湖及夢蓮湖接駁車→選擇公園→填寫抵達日→標示人數。

Step 3 點選接駁車

在跳出的圖上點選接駁車(Shuttle)。

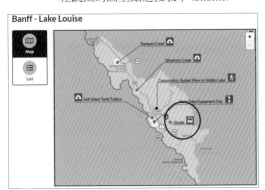

Step 4 點選時段

綠點時段可預訂。

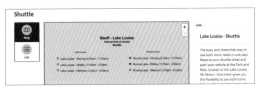

Step 5 確認日期、時段及人數

Step 6 轉往電子憑證頁面

若有帳戶可登入或設立新帳戶再登入。

Step 7 確認電子信箱

完成帳戶設定後，確認電子信箱。輸入經由電子信箱收取的認證碼完成最終設定。

Step 8 再次確定

畫面回到預訂網頁，再確定日期、時段及車票使用者。

Step 9 付款

完成付款後，訂位中心會將訂位細節及條碼寄達信箱。

Step 10 列印、換票

列印出訂位資訊，依指定時間地點換票搭車。

貼心 小提醒

搭乘兩湖接駁車注意事項

☐ 將自小客車停在露易絲湖滑雪場停車場(Lake Louise Ski Resort Park and Ride，1 Whitehorn Road)

☐ 在預訂時間內，持公園管理局透過電郵發給的條碼報到，換取車票。

☐ 選擇到夢蓮湖或露易絲湖巴士，間隔均為20分鐘一班。

☐ 抵達目的地後自由活動。一湖遊畢之後，可以搭乘兩湖間的接駁車(Lake Connector Shuttle，15分鐘一班)遊另一湖。接駁車前往的方向，可由插旗辨識。

☐ 兩湖均有車返回滑雪場停車場。最後一班返程車為19:30。

交通篇

班芙Roam路線及票價

▲ Roam8x號線

▲ Roam6號線

▲ 往夢蓮湖

　　班芙市自2008年夏天開始，使用油電混合燃料巴士，行駛於市中心、景區。目前路線向東南從班芙市區到坎莫爾(Canmore)，向西北則前往露易絲湖(Lake Louise)、夢蓮湖(Moraine Lake)。

　　路線分地方(Local)及地區(Reginal)。地方路線包含坎莫爾的5C、5T；班芙的1、2、4、6。地區路線包括3、8X、8S、9、10。所有路線都能在班芙高中轉運站(Banff High School Transit Hub)換乘。路線及票價如下表。

http 詳情查詢：www.roamtransit.com

班芙的地方路線

路線(地方)	目的地	營運日	單次	日派司	超級日派司*
Banff Local			19+/65+/13-18	19+/65+/13-18	19+/65+/13-18
1. Sulphur Mountain	硫磺山溫泉及纜車	全年，每日	$2/$1/$1	$5/$2.5/$2.5	$25/$12.5/$12.5
2. Tunnel Mountain	班芙城堡旅館	全年，每日			
4. Cave and Basin	洞穴與盆地	夏天，每日			
6. Lake Minnewanka	經江森及雙傑克湖	夏天，每日			
Canmore Local					
5T/5C	坎莫爾市區	全年，每日	免費		

＊4及6號線夏天為5/19～10/02。

班芙的地區路線

路線(地方)	目的地	營運日	單次	日派司	超級日派司*
Canmore / Banff Regional			19+/65+/13-18	19+/65+/13-18	19+/65+/13-18
3. Banff/Canmore	往返班芙及坎莫爾	全年，每日	$6/$3/$3	$15/$7.5/$7.5	$25/$12.5/$12.5
Lake Louise/Banff Regional (可預訂)					
8X. Banff/Lake Louise	露易絲湖(快捷線)	夏天，每日	$10/$5/$5	$20/$10/$10	$25/$12.5/$12.5
8S. Banff/Lake Louise	露易絲湖(風景線)	夏天 週五～日			
Johnston Canyon (5/19～10/9)					
9. Banff/Johnston Canyon	江斯頓峽谷	夏天，每日	$5/$2.5/$2.5	$10/$5/$5	$25/$12.5/$12.5
Moraine Lake Express (可預訂)					
10. Moraine Lake	班芙－夢蓮湖	9/18～10/9	$10/$5/$5	$20/$10/$10	$25/$12.5/$12.5

＊8S路線，行走弓河谷景觀道，僅夏天(7/1～8/27)週五～日運行。
＊普通日派司(Day Pass)當日可以使用於Roam的所有路線至午夜。可預訂8X及8S單程或來回票。
＊超級日派司(Reservable Super Day Pass)當日可以使用於Roam的所有路線至午夜。可預訂8X及8S來回票。
　在露易絲湖還能搭乘國家公園管理局的接駁車(Lake Connector Shuttle)去夢蓮湖。

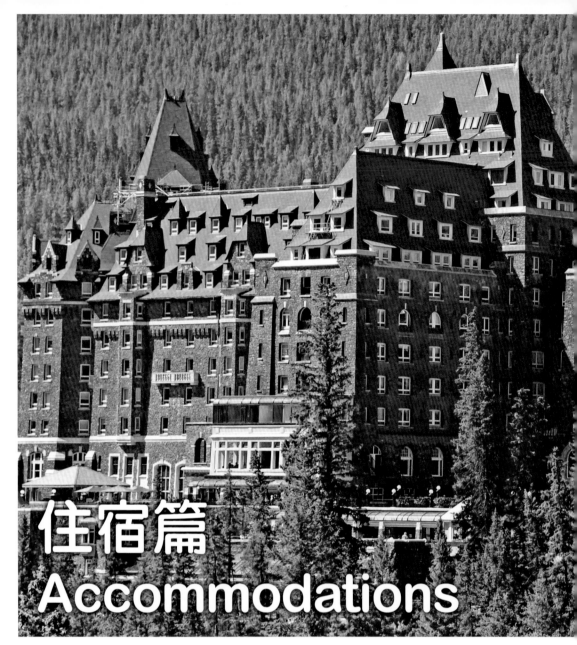

住宿篇
Accommodations

想在加拿大哪裡過夜？

加拿大西岸旅館包括特色旅館、連鎖旅館、青年旅店、大學宿舍、
民宿及獨立經營的汽車旅館等，融入自然的露營則別有一番情趣。

訂房指南

早鳥搶先機，省錢有訣竅

訂房須知

Booking

早鳥與淡季價格較低

無論何種品牌旅館，原則上是越早預訂，選擇越多，也越有可能拿到較高的折扣。熱門旅遊季節及地點，例如夏天的加拿大洛磯山，訂房時間可能要提前到半年或更早，不然不要說折扣，可能根本訂不到房。不過，加拿大洛磯山有些旅館並非全年營業，冬季甚至不開放訂位，大抵在5月初才能訂房，也必須把握時間以免向隅。

旅館提供房價折扣因時地而異，譬如：早鳥可能會享受15～20%減價；連續入住2、3天也可能有折扣。商業城市的中心區，譬如卡加利，大旅館週末幾乎是半價。所謂「淡季」，價格通常比較低，但旅遊的項目可能減少。

便宜房限制多

加拿大旅館價格不便宜，尤其在夏天旅遊旺季，很輕易就破百元加幣。比較便宜的價格，限制相對也較嚴苛，譬如：必須上網訂房，預訂立即付款，不能更改日期(Non-changeable)，不能取消(Non-cancellable)，屆時不能入住不退費(Non-refundable)。

留意房間配備

■ **網路**：一般旅館或配有網線，或是Wi-Fi環境，有些免費提供住客，有些必須收費。使用網路收費多以小時計算，因此如果你覺得上網很重要，訂房時就應選擇能免費上網的旅館，入住時再詢問櫃台是否要密碼。不過不少旅館已經不需要密碼。

■ **冷暖氣**：通常這是旅館基本備配，但也有例外。洛磯山頂級的城堡旅館就不是每間房設置冷氣，需要特別要求，價錢可能也因為設施或不同房型而較高；上網只能在大堂或走道。當然，洛磯山城堡旅館也可以在房間免費上網，所謂「金牌待遇」(Gold Experience)，房價每晚比普通級要多$200～300。

■ **附帶服務及設備**：早餐是否包含？有沒有熱水壺？吹風機？有沒有瓶裝水，是免費提供或收費？是否免費停車？這些都要列入考慮。

■**禁菸房：**房間禁菸目前是多數旅館的規定，櫃台多會在辦理入住手續時要求簽字遵守禁菸規定，否則罰款$150～250。但仍有旅館保存吸菸房或吸菸樓層，訂房時要特別記註。

善用訂房網站

Booking

1996年Booking.com在荷蘭、Expedia.com在美國最先設置訂房網站，經過20多年發展，網站囊括的國家逾百，旅遊目的地數十萬，旅館房間上千萬，而且都能以華文操作，以旅客居住地貨幣支付，出遊訂房只在彈指之間。除訂房外，訂房網站也提供訂機票、租車或機場接送服務，使遊客出行更加方便。

最初的兩家訂房網並陸續收購合併其他訂房網站，資源更加豐富。譬如Booking.com旗下有Agoda.com及hotelscombined.com。Expedia則有Hotels.com和Trivago.com。不同的子公司旅館房間配額可能不一樣，價格也會有些許差異。

Trivago.com和hotelscombined.com就專門做訂房網站的比價，將幾家訂房網上同一家旅館的價格並列，讓消費者能選擇最好價格。訂房網也多會呈現住過旅館的旅客評價，就旅館的地點、設施及價格、服務，以5或10為滿分的評分。

agoda ● ● ● ● ● HotelsCombined
trivago H Hotels.com™

2000年設置的貓途鷹網（tripadvisor.com）不經營訂房業務，而是媒體平台，主要蒐集旅客對旅館、餐館或景點的評論，提供更多選擇旅館的參考資訊，可以善用資訊，選擇自己合適的旅館。

tripadvisor

特色旅館集錦
城堡旅館

歷史悠久的百年旅館

城堡旅館是加拿大頂級旅館的代表。1885年加拿大太平洋鐵路(Canadian Pacific Railway, CP)連起東西兩岸，也開通了旅遊熱潮，鐵路公司總裁范洪(William Van Horne)把握商機，開始在兩岸主要城市及洛磯山中興建豪華旅館。

班芙溫泉旅館
Banff Springs Hotel

http www.fairmont.com/banff-springs

系列城堡旅館中最早建築的是1888年開張的班芙溫泉旅館。旅館採取蘇格蘭中古城堡風格，因而被稱作「洛磯山中的城堡」。木造旅館曾遭遇火災，重建的11層樓城堡旅館，改用水泥及石材為主，成為加拿大當時的最高建築。

經過20世紀後期一再擴充，班芙溫泉旅館如今擁有7百多間房，另附水療設施和27洞高爾夫球場。住宿價格也從當初每晚$3.5提高好幾百倍，卻似乎永遠趕不上旅客需求。旅客不在乎溫泉不再引進旅館，除了享受洛磯山風光，更想分享部分溫泉旅館歷史，與羅斯福總統、伊莉莎白女王、瑪麗蓮夢露一同躋身旅館住客名單。

在旅館陽台上遠眺美景

站在旅館陽台上遠眺，弓河(Bow River)悠悠流過藍道山(Mount Rundle)和隧道山(Tunnel Mountain)，沿著步道下山，但見弓河躍下瀑布後與史潑瑞河(Spray River)攜手東流；沿弓河修建的高爾夫球場，不但可見球員揮桿身手，有時也見成群馬鹿(Elk)徜徉綠草間覓食。

露易絲湖城堡旅館
Chateau Lake Louise

http www.fairmont.com/lake-louise

與班芙溫泉旅館合稱「洛磯山雙堡」的露易絲湖城堡旅館，較班芙溫泉旅館晚兩年興建，建築之初為提供登山探險者住宿，故不講究旅館細節，僅建成露易絲湖畔的一棟小木屋。也因失火重建並一再擴充，如今端莊典雅的露易絲湖城堡旅館共有550間房。

住宿篇

▲露易絲湖城堡旅館大窗框起風景

▲露易絲湖城堡一邊向山，一邊面湖

　　露易絲湖城堡旅館一邊向山，一邊面湖，湖畔廳廊外的雪山碧湖及繁茂多彩的花草，全部嵌進明亮的大玻璃窗裡，坐在酒吧、中廊，彷彿也置身畫框。

傑士伯公園旅館
Jasper Park Lodge

http www.fairmont.com/jasper

　　傑士伯公園旅館雖與雙堡同門，風格卻迥異於雙堡，一棟棟小木屋錯落分布於美碧湖（Lac Beauvert）畔，夏天加拿大雁巡遊湖上，更增添幾分鄉村氣。雖然不如雙堡耀眼，然而木屋也可以很鋪張，其中一棟8房、8浴，氣派毫不遜色；另一棟Outlook Cabin，2005年曾經住過當今英國女王夫婦，號稱「皇家寓所」（The Royal Retreat）。

帝后旅館 *Empress Hotel*
溫哥華旅館 *Vancouver Hotel*
帕利舍旅館 *Palliser Hotel*

http 帝后旅館：www.fairmont.com/empress-victoria
http 溫哥華旅館：www.fairmont.com/hotel-vancouver
http 帕利舍旅館：www.fairmont.com/palliser-calgary

　　同樣接待過英國皇室的加拿大太平洋鐵路旗下旅館，在卑詩省還有維多利亞的帝后旅館、溫哥華的溫哥華旅館；而在亞伯達省卡加利的帕利舍系出同門。這三家旅館都有城堡的造型和氣勢，目前並與洛磯山中的城堡以及東岸幾家城堡旅館，歸屬菲爾蒙特旅館（Fairmont Hotel）系統。

▲帝后旅館

特色旅館集錦
湖畔與冰川旅館

享受特殊景觀的旅館

加拿大洛磯山以碧湖及冰川取勝，除了露易絲湖，夢蓮湖(Moraine Lake)、翡翠湖(Emerald Lake)及弓湖(Bow Lake)各有特色，哥倫比亞冰原氣勢磅礴，景觀獨一無二，因而在湖畔及冰川前興建的旅館也是無可匹敵。

翡翠湖旅館
Emerald Lake Lodge

🌐 www.crmr.com/emerald
💲 $350～600
🕐 11月下旬～10月中旬

1902年馬車就已經載客入住幽鶴國家公園（Yoho NP）的翡翠湖旅館，24間木屋分布林間，湖光山色盡在窗外。

▲ 翡翠湖旅館

冰川景觀旅館
Glacier View Inn

🌐 www.explorerockies.com
💲 $400～500
🕐 4月中旬～10月中旬

冰原中心3樓設置的冰川景觀旅館，有32間客房，或是面山，或是面向冰原；房間屋頂高，因此還隔成上下樓，容納一家四口相當寬敞。入夜遊客散去，2樓餐廳打烊後，整棟樓陷入寂靜中，坐在陽台上遠望，冰原更是鋪天蓋地的冷清，天地之間空氣似乎全然凍結，只留天際孤星閃爍。

▲ 享受寧靜的冰原時光

南台架旅館
Num-Ti-Jah Lodge

http www.num-ti-jah.com
$ $850～1,150
🕐 5月下旬～10月初

洛磯山湖濱最性格的旅館該是弓湖邊的南台架旅館。1898年，紅髮青年吉米辛普森（Jimmy Simpson）自英格蘭來到洛磯山，以當嚮導維生。他對弓湖一見鍾情，立誓將來有一天一定要在湖畔建屋居住。

1923年，政府租給他4畝地，交換條件是他必須斥資5,000元以上改善環境，辛普森於是建起木屋，並成為他嚮導生意的基地。後來冰原大道修築到弓河，辛普森開始擴建木屋，但因木料不足，原來長方形設計變成八角形，卻更讓建築顯得奇特。50～60年代，辛普森的山野打獵經驗和說不完的傳奇故事吸引顧客；而今子孫繼續經營旅館，餐廳牆上掛滿的打獵收穫，也將他的故事代代相傳。

夢蓮湖旅館
Moraine Lake Lodge

http www.morainelake.com
$ $800～1,200
🕐 6月初～9月底

夢蓮湖旅館的33間房都有陽台面對山水，旅館住客可以免費泛舟、享受下午茶點、晚間白蘭地，還有專人導遊講解自然生態。

▲ 最有性格的八角形奇特建築

連鎖旅館

更經濟、更多樣化的住宿選擇

占旅館市場最大比率的該是連鎖旅館。有些旅館以結盟方式分布世界逾百個國家，有些旅館集團以不同層次的多種品牌供應全球市場，加拿大本身也有從西岸起家逐漸擴充至全國的旅館，最大的結盟旅館應是Best Western。

http 訂房網址：www.bestwestern.com

▲ 最大的結盟旅館Best Western

國際旅館集團 *Hotels*

旅館集團旗下多有數個品牌，除本身品牌分級，還以另外的品牌經營。旅館集團訂房最大的方便是，只要在集團網址鍵入城市及入住日期，集團下所有品牌旅館都會顯示，不用一家家查詢。以下為讀者整理出在加拿大的旅館集團，供訂房參考。

Choice

旗下旅館品牌： Comfort Inn、Rodeway Inn、Econo Lodge、Quality Inn、Sleep Inn

http 訂房網址：www.choicehotels.com

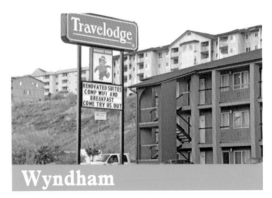

Wyndham

旗下旅館品牌： Days Inn、Howard Johnson、Ramada、Super8、Travelodge

http 訂房網址：www.wyndham.com

Hilton

旗下旅館品牌：Hilton、Hampton Inn & Suites
http 訂房網址：www3.hilton.com

Intercontinental

旗下旅館品牌：Holiday Inn、Holiday Inn Express、Intercontinental
http 訂房網址：www.lhg.com

Starwood

旗下旅館品牌：Four Point by Sheraton、Sheraton、St. Regis、Westin
http 訂房網址：www.starwoodhotels.com

Marriott

旗下旅館品牌：Courtyard Inn、Fairfield Inn & Suites、JW Marriott、Marriott Hotels、Renaissance Hotels、Residence Inn、SpringHill Suites、The Ritz-Carlton
http 訂房網址：www.marriott.com

加拿大起家旅館 *Hotels*

http Accent Inns：www.accentinns.com
http Coast Hotels：www.coasthotels.com
http Delta Hotels：www.deltahotcls.com
http Sandman Hotels：www.sandmanhotels.ca

加拿大起家的旅館規模較小，大多也分布在西岸，尤其是卑詩省。其中三角洲旅館（Delta Hotels）以市中心區及機場為主要設置地點，規模也較大；又因為城中心區地點以商務顧客為主要對象，週末價格幾乎減半。

◀卡加利三角洲旅館

青年旅店

HOSTELLING
INTERNATIONAL

Whiskey Jack

背包客的歇腳處

雖然起源於提供青年旅行住宿，如今青年旅店多不限制投宿旅客年齡，也不一定要會員才得投宿，只是非會員費用較高。傳統青年旅店只提供床位的習慣，也隨著時間逐漸改變，越來越多青年旅店提供家庭房或兩人房，多數仍然是4～6人一房，甚至有20～40人大通鋪。基本上，床位多是上下鋪，衛浴設備都在室外，肥皂、毛巾要自備；不過，多數旅店供給床單、枕套及毛毯。加拿大青年旅店床位或房間可以上網預訂。

http www.hihostels.ca

少有膳食，有時沒供電

美加地區青年旅店大抵不提供膳食，少數有少量雜貨或投幣販售機，但是所有旅店都有廚房，廚房有爐台、炊具、碗盤，冰箱裡一袋袋食物寫著所有人姓名及入住日期。廚房在晚餐時候最忙，也最五味雜陳。

加拿大洛磯山中青年旅店連串，卻有半數原始到沒電，有的只能用溪水洗浴，更別說電視、電話；不過，床單還都提供，一個床位只要$22，最人優勢是周圍的自然環境。幽鶴國家公園的威士忌傑克（Whiskey Jack）青年旅店就3間房，每間3張3層床，空間雖然有些局促，但能洗熱水澡，從陽台就得見塔卡高瀑布（Takakkaw Falls），夜晚更伴著瀑布聲入夢。

班芙及露易絲湖設備齊全

洛磯山中班芙及露易絲湖兩處Alpine Centre的青年旅店，不但附設餐廳還有電視、洗衣設備，甚至能免費上網。兩處床位要價$75～85，少數設有浴室的房間，價格在$200～300上下。比起附近旅館每晚$150到$500～600房租，還是相當便宜，因此也一位難求。

貼心 小提醒

國際青年旅店聯盟會員

會員除住宿較非會員便宜，在各國還能享受不同的優惠，譬如加拿大搭乘灰狗巴士(Greyhound)，票價有25%折扣。

申請成為會員不難，在各地青年旅店都能現場辦卡；若想出國前先辦妥，可連絡中華民國國際青年之家協會查詢。協會也辦理國際學生證(Interna-tional Student Identity Card)。

http www.yh.org.tw

 豆知識

青年旅店起源於德國

青年旅店起源德國，由理查席爾曼(Richard Schirrmann)開創。席爾曼在學校負責安排學生課外活動，他相信到鄉間健行或騎單車旅行，不但能從自然中學習，也有益身體健康。1909年夏天，席爾曼帶領學生出遊時遇到大雨行程受阻，他情商附近學校提供空置教室讓學生過夜獲得應允，條件是次日必須將教室課桌椅恢復原狀。夜間輾轉於乾草堆成的床上，席爾曼想到，學校教室在假日多空置，何不就提供旅行學生住宿？

從學校開始，席爾曼積極推動他的理念，最初是將一天腳程內的學校連成網絡，到1930年代，德國已有逾2,000家青年旅店，歐洲其他國家起而仿效，英國倫敦中古豪宅、瑞士山中小屋、瑞典商船都加入經營行列，青年旅店分布更廣，甚至跨海發展到歐洲以外地區。

國際青年旅店聯盟(International Youth Hostel Federation)於1932年組成，目前聯盟旗下囊括108個國家及地區，包括中國、台灣與港澳，旅店超過6,000家。

露營

接近大自然的住宿選擇

每年7、8月是洛磯山旅遊旺季，也是最好的露營季節，較「文明」即有飲水、抽水馬桶、淋浴、烤架的營區相當熱門。部分營地接受預訂，部分採取「先到先得」(First-come, first-served)原則，有興趣露營最好早些擇定營區紮營。

上網預訂看這裡

■ 洛磯山露營：reservation.pc.gc.ca(手續費$11.5，若要變更或取消，也要收取$11.5手續費)。以電話預訂或變更的手續費為$13.5。
■ 卑詩省：www.gocampingbc.com
■ 亞伯達省：www.albertacampgroundguide.ca

＊以上資料時有異動，出發前請再次確認。

附設飲水、淋浴及抽水馬桶營區

營區	國家公園	開放時間	營地	價格	預訂
Tunnel Mt. Village I	班芙	5/11～10/2	618	$29.25	√
Tunnel Mt. Village II*	班芙	全年	209	$29.25/$128	√
Two Jack Lakeside*	班芙	5/11～10/2	74	$29.25/$128	√
Johnston Canyon	班芙	5/25～9/25	132	$29.25	√
Lake Louise Tent	班芙	6/1～9/24	206	$29.25	√
Wapiti	傑士伯	5/17～10/9	363	$38.75	√
Whistler*	傑士伯	5/3～10/9	781	$29.25/$128	√
Redstreak*	庫特尼	4/28～10/9	242	$29.25/$128	√
Kicking Horse	幽鶴	5/18～10/9	88	$29.25	X

＊oTENTiks為木棧板上架設的A字型營帳，內部有床、桌椅，外部有野餐設備。兼具小木屋的舒適和露營野趣，價格也較帳棚露營高。入住者須自備床單、枕頭、睡袋、毛毯、炊具、餐具。

＊每個營地裡設置的oTENTiks有限，譬如Tunnel Mt. Village II有21處，Two Jack Lakeside及Redstreak都只有10處。開放時間可能較普通營地晚。

大學宿舍

學術氣息濃厚的住宿選擇

每年5月中旬到8月下旬，學校放暑假期間，學生宿舍開放給遊客住宿，設備及價格甚至優於一般青年旅店。

溫哥華西端的卑詩大學

位於溫哥華西端的卑詩大學（University of British Columbia, UBC），提供青年旅店式的床位，雖必須與同一樓層鄰居共用浴室及電視間，卻是獨立的單人房或雙人房。宿舍房間多設有書桌、供應床單、浴巾及肥皂、洗髮精等用品，還有自助洗衣房和高速網路。

卑詩大學也設有全年開放的居家式豪華套房，價位在$250左右。

http www.ubcconferences.com

民宿

Heritage Inn
THE TREES

融入在地生活

由於旅遊季節短，傑士伯鎮旅館有限，縱使夏季價位高漲仍供不應求，民宿因而興起補充旅館床位，成為傑士伯國家公園住宿特色。

「核可民宿」招牌

小鎮只有幾條街，住宅及商業區都在步行範圍內。走經民房常見門上掛著「核可民宿」（Tourist Approved Accommodation）招牌，表示民宅已經通過國家公園安全及衛生檢查，可以接待觀光客。按照國家公園管理局規定，每家最多僅能有3房用作民宿，而且房間門上必須張貼執照，說明最高收費。傑士伯國家公園訪客中心可取得民宿名單，也可事先上網查閱訂位。

傑士伯民宿協會
(Jasper Home Accommodation Association)
http www.stayinjasper.com

房間基本配備

傑士伯民宿不同於一般認知的B&B（Bed & Breakfast），很少供應早餐，房間卻多附有咖啡壺、微波爐和冰箱；浴室或附在房間或公用，有些民宿提供電視，更另外設門讓住客自由進出。民宿夏天住宿一夜在加幣$150～200上下，比起鎮上旅館$300～500一宿，相當實惠。

飲食篇
Gourmet

在溫哥華，吃什麼道地美食？

氣候溫和、依山傍水的溫哥華也是美食都會，
遊客可以在海濱享用海鮮與海景，在花園裡飲用英式下午茶；
來自世界各地的移民，也帶來各具特色的族裔飲食。
而在洛磯山裡，野味依然流行。

佐美景入味及種類豐富的特色佳肴，是溫哥華的飲食文化

海鮮豐富又新鮮
Gourmet

溫哥華是加拿大西岸港埠，新鮮漁獲供應豐富，海鮮呈現在日本餐館的刺身、壽司吧，中餐館和華資超市的水箱；從餐館到餐車都提供鮭魚三明治，以魚為食材的塔口餅（Taco）日益流行。溫哥華三面環海，吃海鮮很容易就佐以海景，甚至只在麥當勞吃魚堡，窗外便是海灣。

賞心悅目的花園餐廳
Gourmet

溫哥華是園林城市，園林花草繽紛間也藏著美食。史丹利公園的茶屋（Teahouse）、伊莉莎白皇后公園的季節餐廳（Seasons in the Park）、范杜森植物園的項尼希餐廳（Shaughnessy Restaurant），佐餐的是賞心悅目的花園。

■ **史丹利公園的茶屋**
http www.vancouverdine.com/teahouse

■ **伊莉莎白皇后公園的季節**
http www.vancouverdine.com/seasons

■ **范杜森植物園的項尼希**
http www. shaughnessyrestaurant.com

移民造就多樣的飲食
Gourmet

溫哥華是移民城市，移民來自全世界也帶來族裔的特殊風味。義大利、法國餐館代表歐洲飲食，英式下午茶蔚然成風；亞洲餐飲更像溫哥華飲食主流，日本、中國、韓國、馬來西亞、印度、越南、泰國菜各領風騷；墨西哥的塔口餅正步步進逼，蠶食市場。

吃在溫哥華，可以很傳統，也能很誇張。貝拉冰淇淋店（Bella Gelateria & Gelato）還在用義大利的古老方法製作冰淇淋；冰淇淋之家（La Casa Gelato）琳瑯滿目的218種口味，讓人猶豫不決。

■ **貝拉冰淇淋店** http www.bellagelateria
■ **冰淇淋之家** http www.lacasagelato.com

▲ 冰淇淋之家裡甚至能看到中文，包括火龍果、菠蘿口味的冰淇淋

飲食篇

在地特色點心

河狸尾、普丁與港式點心

有趣可愛的河狸尾
Beaver Tails

　　加拿大最有名的甜點便是「河狸尾」。其實河狸尾只是一種麵食，將全麥麵皮拉長成河狸尾巴形狀，放入油鍋炸熟後，塗上奶油再加上其他配料如巧克力、香蕉和香料如肉桂粉即可食用。

　　這味甜點原來是加拿大東部一戶人家的家傳點心，1978年在一次嘉年華會攤位現身，之後成為首都渥太華冬季結冰的里多運河冰道（Rideau Canal Skateway）滑冰者零食，並在拜沃市場（Byward Market）設店，逐漸發展成連鎖企業。2009年，美國總統歐巴馬在訪加回程途中，特別繞道拜沃市場購買河狸尾，大大增加河狸尾知名度。

　　河狸尾發源於東部也在東部較流行，加拿大西岸想嘗河狸尾，要往滑雪地尋覓，譬如北溫哥華的松雞山，2010年舉辦冬奧的惠斯勒以及洛磯山的小鎮班芙。

▲加拿大最有名的甜點：河狸尾

 豆知識

河狸為加拿大國獸

　　加拿大與河狸有特殊淵源，歐洲人為採獵河狸皮毛到加拿大探險，也促成加拿大開發，河狸因此在1975年被訂為國獸（National Animal），加拿大5分錢背面以河狸為圖案，國家公園以河狸為標誌。

　　原住民最熟識河狸，圖騰柱只要雕刻河狸，必定突顯兩顆門牙及尾巴。門牙用作咬斷樹木枝幹工具，以收集建材及食物；尾巴入水即如船舵，用以掌控方向。原住民沒想到的卻是河狸尾竟成為加拿大甜點。

原住民圖騰柱常見露齒捲尾的河狸 ▶

▼ **國家公園以河狸為標誌**

醬汁淋漓的普丁
Poutine

另一項加拿大特別的點心、也有人當正餐的「普丁」也起源於東部,1950年代來自魁北克鄉下。「普丁」主要成分就是炸薯條,也許因為加拿大東部天氣冷需要更多熱量,因而將炸薯條鋪上乳酪丁(Cheese Curds),再澆上濃稠的熱肉汁(Gravy);乳酪丁遇熱肉汁不會完全融化且能拉絲,炸薯條加上熱肉汁更有味道。

最初,「普丁」只在乳酪工廠附近地區流行,因為新鮮的乳酪丁較彈牙,放久或冷藏了會變硬。「普丁」普遍後也就不再講究,而且順應市場需求,口味不斷增加並且加入肉丁、香腸丁甚至高檔的魚子醬、松露,蒙特婁最有名的專賣店La Banquise就有25種口味,更24小時營業。

受到La Banquise啟發,2008年始創於多倫多的Smoke's Poutinerie目前已發展至溫哥華及卡加利,除了傳統口味外,加上雞、豬、牛配料變化風味,同時提供素食普丁;紐約普丁多分布在溫哥華及卡加利購物中心的美食廣場。速食連鎖店如哈維(Harvey's)、Dairy Queen甚至有些肯德基炸雞店也販賣傳統普丁。

■ **Smoke's Poutinerie**
http www.smokespoutinerie.com

■ 紐約普丁 http www.newyorkfries.com

▲ 炸薯條加奶酪丁澆熱肉汁,配上肉類如培根

令人驚豔的港式點心
Dim Sum

溫哥華的茶樓點心,在北美地區首屈一指,甚至超越香港。1997年香港回歸中國之前,不少香港居民移居溫哥華,帶去港人飲茶習慣,也移進一批製作茶點的師傅,迄今大溫哥華尤其列治文仍然茶樓林立,週末假日甚至一位難求。

燒賣、蝦餃、牛肉丸、叉燒包、腸粉、炸兩、炸春卷、蘿蔔糕、奶皇包、流沙包、馬拉糕、皮蛋瘦肉粥等飲茶點心任何一項,都能勝過「河狸尾」與「普丁」。雖然說在加拿大應該入鄉隨俗,但在溫哥華,飲茶及粵菜儼然是飲食主流。

早期飲茶的「一盅兩件」,即一盅茶加蝦餃與叉燒包,早已不能滿足食客需求,而在同業激烈競爭下,溫哥華每家茶樓不但要保持本身特色,更要推陳出新。多數茶樓已經不再以推車運載茶點穿梭於顧客間,而是以單點菜,現點現做;蘿

葡糕多數也不再平淡地煎，而要用XO醬煎炒；流沙包一掰開，奶油和鹹蛋黃調和的餡，真是像流沙般湧瀉；炸兩是以腸粉的皮包裹油條，有些表面還灑上肉鬆；干貝佛跳牆也在菜單上。

列治文的華裔人口密度最大，也聚集最多茶樓，較有口碑的包括麒麟、釣魚台、新瑞華、尖東、海港大酒樓等，即使逗留列治文一週天天飲茶，難免還有遺珠之憾。

釣魚台海鮮酒家
Fisherman's Terrace Seafood Restaurant
✉ 3580-4151 Hazelbridge Way, Richmond / ☎ (604)303-9739 / ⏰ 週一～三、週日11:00～19:00，週四～六11:00～21:00

麒麟海鮮酒家
Kirin Seafood Restaurant
✉ 7900 Westminster Highway, 2nd Floor, Richmond / ☎ (604)303-8833 / ⏰ 每天10:00～14:30、17:00～22:00

新瑞華海鮮酒家
Sun Sui Wah Seafood Restaurant
✉ 102-4940 No.3 Road, Richmond / ☎ (604)273-8208 / ⏰ 週一～五10:00～15:00、17:00～22:00，週末10:00～15:00、17:00～22:00

尖東新派食館
Top Gun J&C Restaurant
✉ 2020-8766 McKim Wy, Richmond / ☎ (604)231-8006 / ⏰ 每天09:00～22:00

海港大酒樓
Sea Harbour Seafood Restaurant
✉ 150-8888 River Road, Richmond / ☎ (604)232-0816 / ⏰ 週一～五10:30～15:00、17:00～22:00，週末10:00～15:00、17:00～22:00

1.鮮蝦腸粉 / 2.XO醬炒蘿蔔糕 / 3.馬拉糕 / 4.炸兩 / 5.蝦餃 / 6.流沙包 / 7.燒賣 / 8.叉燒包

速食簡餐

五花八門各取所需

想要快速地解決一餐，就來速食店吧！麥當勞、漢堡王、肯德基、賽百味、必勝客，全球布局的速食連鎖店在加拿大都已家喻戶曉；嚴格的說，這些速食店都是舶來品，真正在加拿大創立，然後擴展至美國的咖啡／簡餐店Tim Hortons，目前無論賣咖啡或簡餐，都是加拿大市場的龍頭老大。

1.種類豐富的甜甜圈／2.一些店同時經營酷聖石冰淇淋／3.Tim Hortons

Tim Hortons

Fast Food

Tim Hortons原是加拿大多倫多的冰上曲棍球明星，1964年開創第一家咖啡與甜甜圈店以後，他的名字便隨著3千多家店傳遍加拿大，店招在機場、購物中心，高速路邊處處得見，成為加拿大咖啡及簡餐的代表標誌，國際知名的麥當勞、星巴克都望塵莫及，是加國速食的龍頭老大。

Tim Hortons從只賣咖啡和甜甜圈，到目前多品項餐單，義式烤三明治（Panini）是特色之一，馬芬（Muffin）口味多，貝果更受歡迎；據說，加拿大消耗的貝果，有一半出自Tim Hortons。一些店同時經營酷聖石冰淇淋（Cold Stone）。

1　2　3

Five Guys

Fast Food

說到漢堡，如果不怕高卡路里，也許能試試免費花生吃到飽的Five Guys。位於羅伯森街的店面空間不大，還堆疊著一袋袋馬鈴薯。就在漢堡製作的櫃台前，大袋帶殼花生任由顧客免費消耗，空氣裡充斥著濃濃的漢堡味。

http www.fiveguys.com

▲ 羅伯森街的店面空間不大，還堆疊著一袋袋馬鈴薯

A&W

Fast Food

雖以賣漢堡為主，1919年A&W卻以根汁汽水（Root Beer）起家於美國加州中部小城，店名來自最初兩位合夥人Roy Allen及Frank Wright的姓氏。

根汁汽水仍是A&W的主要飲料，而A&W的漢堡家族則從爸爸（Papa Burger）、媽媽（Mama Burger）、青少年（Teen Burger）及小童漢堡（Baby Burger），增加了有3片漢堡肉、卡路里最高的爺爺漢堡（Grandpa Burger），以牛腰肉為漢堡材料的伯叔漢堡（Uncle Burger）。加入培根是青少年漢堡特色，青少年漢堡還有兩片漢堡肉（Double Teen）及酪梨（Spicy Guacamole Teen）2種口味；素食漢堡（Veggie Deluxe）則是迎合飲食時尚的產品。

 豆知識

A&W根汁汽水

根汁汽水(Root Beer)是添加植物根部抽取物的碳酸飲料，雖然名稱帶啤酒(Beer)，卻沒有酒精成分，喝起來有淡淡的藥味，口味比較接近麥根沙士，但與沙士使用的卻是不同植物。據說，1970年代根汁汽水曾經在台北銷售過，以冰過的杯子裝盛，稱作「冰杯露啤」。

冰杯的傳統其實還存在A&W店裡，可以要求店員使用冰鎮過的玻璃杯(Glass Mug)裝飲料。

▲ A&W漢堡的套餐(COMBO)由漢堡、根汁汽水組合，另外可在炸馬鈴薯條、炸番薯條(Sweet Potato Fries)或洋蔥圈(Onion Rings)任選一樣；通常套餐會比3樣分別買便宜

咖啡文化

享受悠閒的咖啡飄香時間

不知是氣候溫和或是依山傍水的地理環境影響，溫哥華人似乎總帶著幾分從容，喝咖啡也許不是上癮，而是種閒情。

布蘭茲咖啡
Blenz Coffee

星巴克自然不會錯失溫哥華市場，主要街道、商場都能見到星巴克咖啡店；經常與星巴克毗鄰的是溫哥華本地的布蘭茲咖啡（Blenz Coffee）。溫哥華布蘭茲咖啡地位就如星巴克在西雅圖，但布蘭茲較星巴克年輕，1992年才在知名的購物街羅伯森街（Robson St）開設第一家店。

布蘭茲咖啡店最特別的飲料卻是抹茶拿鐵（Matcha Latte）和比利時熱巧克力。布蘭茲摩卡咖啡標榜使用比利時巧克力而非巧克力粉或糖漿，還有添加白色巧克力的白摩卡咖啡；抹茶拿鐵則將咖啡換成綠茶加牛奶，強調綠茶粉的健康效益且無咖啡因。

http www.blenz.com

第二杯咖啡
Second Cup

以多倫多為根據地的第二杯咖啡（Second Cup）也在溫哥華立足，比較特殊的是「發現系列」（Discovery Series）咖啡產品。第二杯咖啡的發現系列咖啡全來自中南美洲，包括哥斯大黎加、巴拿馬、哥倫比亞、祕魯及巴西。目前在卡加利已有相當多家分店，溫哥華還不普遍。除了連鎖咖啡店，溫哥華街頭也散落著獨立經營的咖啡店，而這些小咖啡店各有特色，尤其春夏季節，小店周圍裝飾滿花籃，咖啡隱約增添了花香。

http www.secondcup.com

族裔特色餐

族裔薈萃各具風味

溫哥華是族裔融爐，走過溫哥華的羅伯森街，可見到義大利、日本、印度、泰國、馬來西亞、中餐館，也有法國可麗餅(Crepe)及義大利冰淇淋、比利時巧克力店，越南、韓國餐館零散分布在附近。

日本海鮮

Japan

或許因為靠海容易獲取海鮮，溫哥華日本餐館或壽司吧的數量不輸中餐，但日本海鮮餐館的氣魄卻不如中餐。從溫哥華機場出關，立即能見到餐館的阿拉斯加皇帝蟹(King Crab)廣告。即使遊覽阿拉斯加，能吃到的也只是冷凍皇帝蟹，而在溫哥華，活生生的皇帝蟹就在大缸裡游。海鮮中餐廳強調的不僅是新鮮，還要活鮮，而吃皇帝蟹的最佳時節不在秋天而是春季。

Try our *Live* Alaska King Crab
The King of the Sea
Indigenous to the deep clear waters of Alaska and free from pollutants,
the Alaska King Crab is truly King of the sea with tender juicy sweet meat.

越南河粉

Vietnam

散布於城街間的越南河粉店(Pho)，透露近年東南亞裔移入溫哥華趨勢。越南牛肉粉使用米粉，清湯是經過幾小時熬製的牛骨香料湯。食客可以選擇牛肉片、牛筋、牛肚或牛肉丸為主要食材，筋、肚和丸子都已燉好，牛肉片則視食客需求，以生肉、半熟肉鋪在粉上，用熱湯澆熟。

而在端出牛肉粉前，店家會先送上一碟以豆芽為主，加上青辣椒片、九層塔及萊姆片的配菜。俟牛肉粉端上，配菜放進熱騰騰的湯粉中，清脆的銀芽、翠綠的九層塔，不但讓湯粉增色，湯清而不膩，粉柔軟Q彈，也難怪越南牛肉粉在溫哥華日益受歡迎。

VIETNAMESE
PHỞ

印度咖哩

India

溫哥華有相當多的印度裔人口，因而印度菜很普遍。印度菜最大的特色是使用香料調味，最為人熟悉的是咖哩。實際上印度香料種類繁多，可以調配出多種口味，菜單上常見的麻沙辣（Masala）就是綜合香料。

雖然說是印度菜，溫哥華的印度餐廳卻也因地制宜，保留了印度香料特色，蔬菜及肉全都來自本地，也不忌諱豬、牛。最著名的印度餐館Vij's沒有窯烤雞、奶油雞，主菜牛、羊、雞、豬和魚、蝦各一，菜單隨季節變化，調配不同香料的咖哩醬汁，不但色香誘人，也顛覆印度咖哩只有一味的傳統觀念。

Vij's只供應晚餐，每天17:30開張，座位有限又不接受訂位，經常大排長龍。如果趕不上17:30第一波，大約要等一個半鐘頭才能上桌；不過在等待期間，店裡會不時送一些小點心，譬如炸薯條解饞。

http **Vij's：** www.vijsrestaurant.com

香料醃製的窯烤美味(Tandoori)

印度料理基本的烹飪方式是窯烤（Tandoori），「Tandoor」即是烤爐。窯烤雞（Tandoori Chicken）便是先以香料醃製大塊雞肉，然後窯烤出爐食用；窯烤後再在另外調配的醬汁中加工，變化出奶油雞（Butter Chicken）。這兩道是最能被接受的印度菜。

1.香料烹飪出的印度香飯 / 2.窯烤後再在另外調配的醬汁變化出奶油雞 / 3.通常印度餐都會附原味饢，整片饢可用來包肉或菜，也可切開一片片當主食 / 4.窯烤饢，帶著香濃的風土味 / 5,6.以小扁豆和米粉混合製作的多沙，也稱「可麗餅」(Crepe)。多沙蘸醬(Chutney)有多種，盤內右邊為椰粉醬，左邊為薑汁、蕃茄、椰粉調配的醬料。中間的蔬菜濃湯(Sambaar)可飲也可蘸多沙吃

印度教徒不吃牛，回教徒不吃豬，吃素的人口多，在印度旅行，吃素反而方便；如果吃肉，通常是雞肉和羊肉。由於羊肉接受度不如雞高，因而以雞肉和香料調製的印度菜種類較多，除了窯烤雞、奶油雞，作為前菜的小雞塊（Chicken Tikka），先用優格（Yogurt）和辣椒粉、薑蒜醬、檸檬汁醃製後，或是窯烤或就在木炭火上燒烤，其間不時刷奶油增味，然後香噴噴端上桌。

香濃風土味的印度饢(Naan)

提到主食，印度香飯（Biryani）無論葷素都離不開香料，更有特色且好吃的是印度饢（Naan）。每年4～5月間行走印度鄉間，路邊不時出現麥田及收割的人車，麵粉製作的油炸點心，更在街坊小店大油鍋前堆疊成山。全麥麵粉烤製的饢，比吃烤鴨的荷葉餅更酥軟溫潤有嚼勁，還帶著香濃的風土味。

印度風小扁豆料理

多麥收成後，季節風帶來的雨水提供種植水稻環境，印度主食裡因而有餅有飯。在印度餐廳免費贈送的頭抬祕(註)中，最常見小扁豆脆餅（Crispy Lentil Cracker）。印度小扁豆產量全球第一，小扁豆湯很平常，而以小扁豆和米粉混合製作的多沙（Dosa），類似中國北方的煎餅果子，卻捲入香料調理的洋蔥、馬鈴薯，因此更具印度風味。

註：頭抬，是廣東話的前菜或開胃菜的意思，由於早期北美洲移民多出自廣東，因而菜單多沿用。

路上觀察 美味的咖哩印度菜

雖然都是咖哩，每盤菜的咖哩卻都不同風味。

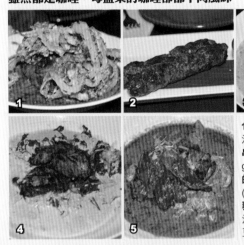

1.頭抬的茄：以優酪和蒜汁調咖哩／**2.香煎羊肉串**：用的是孟加拉(Bengali)風味咖哩／**3.主菜的羊肉棒**：以葫蘆巴籽(fenugreek)調咖哩／**4.豬排**：以紅心辣椒和薑汁調咖哩／**5.雞胸**：以小豆蔻調咖哩

香港燒臘

Hong Kong

溫哥華經營飲茶的餐館也多是海鮮餐廳，難怪蝦餃、蝦腸粉，所有與蝦有關產品裡的蝦仁都是又大又肥美。飲茶、海鮮餐廳口味比較傾向粵菜，而燒臘是粵菜主要一環，燒臘因此在溫哥華也是群雄並起、百家爭鳴的局面。

燒臘大致包括燒鴨、叉燒、油雞、燒肉。在溫哥華吃燒臘，可以到餐廳、也可以到獨立的燒臘店；但是只經營燒臘的店家，未必設有座位，有些甚至也賣生肉，因此顧客多是買回家食用。而口碑好的燒臘店，經常需要排隊等候，例如：列治文百家店燒臘，下午3、4點就見人頭鑽動；以

燒鴨知名的明家燒臘專家，有時不到晚餐時間燒鴨便已售罄。如果到本拿比（Burnaby）鐵道鎮（Metrotown）購物，附近麗晶廣場（Crystal Mall）2樓美食廣場（Food Court）的龍華燒臘也不錯。

燒臘飯基本上是一盤飯，顧客可以在燒豬、燒鴨、鼓油雞、叉燒等燒臘中選擇任一樣、兩樣（雙併）或三樣（三併）當副食，澆上肉汁再附上少許青菜。選樣越多價格就越高，約在加幣$7～10元之間。如果油雞要的是「走地雞」，即土雞，還要另加$2。

百家店燒臘
Parker Place Meat & B.B.Q.
✉ 1020-4380 No.3 Road, Richmond / ☎ (604)233-1138 / 🕐 每天11:00～19:00

明家燒臘專家
HK B.B.Q. Master
✉ 4651 No.3 Road, Richmond / ☎ (604)272-6568 / 🕐 週日～二11:00～20:00

龍華燒臘專門店
✉ 4500 Kingsway, Burnaby, Crystal Mall Food Court / ☎ (604)433-8261 / 🕐 每天09:00～20:00

原住民野味

加拿大的山珍海味

歐洲、亞洲人未移入前，位於太平洋西北岸的溫哥華是原住民的家，鮭魚、野味(野牛、野鹿)及莓果(Berries)就是他們主要食物。如今在人工刻意培育下，鮭魚資源仍然豐富；野生或農場種植的莓果掛滿藤蔓或灌木；野味則要到特殊餐廳尋覓。

溫哥華野味 *Vancouver*

溫哥華百老匯街(Broadway Ave)上有不少知名餐館，其中Salmon n' Bannock是溫哥華僅見、以原住民食物為主的餐廳。使用鮭魚、野味及莓果做食材，餐廳能吃到野生紅鮭及鮭魚製作的頭抬如糖鮭魚(Candied Salmon)、醃鮭魚、鮭魚慕斯，也有燉鹿腱、鹿肉香腸、野牛肉漢堡，甚至麝香牛肉(Muskox)；莓果大半為甜點材料。

http **Salmon n' Bannock**：www.salmonandbannock.net

洛磯山野味 *Rockies*

野味在加拿大洛磯山更流行。原住民很早就在洛磯山中捕獵，並以燻乾或風乾儲存獵物的肉以過冬。火車將觀光客帶入洛磯山，旅館餐廳就取材烹調野味；來自瑞士的登山嚮導也學會原住民的飲食方式，野味，包括野牛、野鹿、野豬甚至野兔、野鴨都端上餐桌。

但是野味來源逐漸減少，收成也不穩定，於是在1990年代後期，有牧場開始豢養野牛及野鹿供應餐廳。而今在洛磯山上吃野味，不但是風味餐，也有幾分顯示身家的味道，因為供應野味的餐廳，例如最早以野味招徠的翡翠湖旅館(Emerald Lake Lodge)，價格並不那麼大眾化。

■ 班芙 **Buffalo Mountain Lodge**
http www.crmr.com/buffalo

■ 露易絲湖 **Deer Lodge** http www.crmr.com/deer

■ 翡翠湖 **Emerald Lake Lodge**
http www.crmr.com/emerald

貼心 小提醒

需要準備多少小費？

理論上，小費是對服務的獎賞，服務不好，可以不給。但是，到餐廳用餐給小費似乎已經變成習俗，尤其晚餐，通常是消費額的15%～20%。不過，無論顧客願不願意，不少餐廳會將小費直接打入帳單。因此，用餐後要小心檢查帳單，一方面看看有無錯誤，另一方面看看金額是否包含小費(Tips或Service Charge)，如果已經收了小費，就別再付了，除非服務好到令人想掏腰包。

街頭餐車

經濟實惠的路邊美食

中午時分，溫哥華城中心的上班族紛紛走出大樓尋覓午餐。時間可能不允許進入餐廳好整以暇地用餐，錢包是另一個考量因素；速食、簡餐吃膩了，況且一頓也要$10上下；理論上節約時間及荷包的餐車(Food Trucks & Carts)應運而生，錯落分布於城中心街道；販售時間多在週一〜五11:00〜15:00。

溫哥華的族裔特色也表現在餐車。Soho Road及Vij's Railway Express賣的都是印度料理，Vij's Railway Express是Vij's印度餐館的延伸，標榜「移動的咖哩藝術」；Soho Road餐車帶著窯烤爐，用現烤的饢包裹窯烤雞、小雞塊或奶油雞。由於現烤現做，口碑頗佳，只是原本計畫中的餐車速食變成考驗耐心的午餐。

餐車內容有些簡單，有些繁雜。例如Roaming Dragon餐車彷彿亞裔共和國，菜單涵蓋韓、日、中、馬來西亞、印尼、泰國口味；Re-Up BBQ就兩味，慢火燉肉(Pulled Pork)和牛腩三明治。

日本風味的熱狗餐車
Japadog

熱狗餐車在一般城市最常見，但在溫哥華，熱狗不僅是熱狗，而是加上日本風味的日本熱狗（Japadog）；日本熱狗餐車，號稱溫哥華最熱門餐車。日本熱狗由一對日裔移民夫婦創立於2005年，靠著顧客間口碑相傳逐漸發展；2010年冬季奧運期間，兩處攤位每天大排長龍引來媒體報導，致使日本熱狗聲名大噪，除了增加攤位和餐車，還在羅伯森街開張一家小店。

日本熱狗原料包括牛肉、豬肉、奶酪及墨西哥辣椒（jalapeño），比較特別的是，平時吃熱狗用的芥末和蕃茄醬，由照燒醬及美乃滋代替，上面鋪著海苔絲、蘿蔔絲或柴魚片。

▲熱狗不一定是熱的，「冰年代」(AGE ICE)系列，麵包包的是冰淇淋　　▲日本熱狗餐車

墨西哥的塔口餅餐車
Taco

塔口餅似乎有超越熱狗攤或餐車的趨勢。塔口餅的餅為玉米粉或麵粉烙成的薄餅（Tortilla），墨西哥人喜歡用薄餅包捲烤肉，佐以酪梨醬、洋蔥粒及切碎的香菜，並淋上萊姆汁食用，一般稱作塔口餅；而在墨西哥沿海地區，肉類換成以粉包裹並油炸的鮮魚，佐料有時是高麗菜和胡蘿蔔絲加美乃滋。

Feastro the Rolling Bistro被溫哥華雜誌（Vancouver Magazine）稱作城裡最好的塔口餅；Roaming Dragon有韓國小排及馬來雞塔口餅；Cartel Taco以韓式的燒炙法烤牛、豬肉，保留了墨西哥薄餅和洋蔥、香菜、萊姆，卻又加入韓國泡菜。來自溫哥華島托菲諾（Tofino）的Tacofino，即是採取本地食材，以炸魚塔口餅招徠，被譽為卑詩省最佳炸魚塔口餅。

餐車也供應普丁
Poutine

另外，數家餐車也供應「普丁」，例如專營鮭魚三明治及野味漢堡的The Kaboom Box，及希臘餐的Nu Greek Street都賣「普丁」；Fresh Local Wild更提供海鮮普丁及巧達（Chowder）普丁。海鮮及巧達普丁裡少了奶酪粒，儘管毀譽參半，卻有在地風貌。

1.Korean Mama Express韓國媽媽餐車，少不了韓國泡菜 / 2.華人經營的風味雞肉捲餐車 / 3.Cazba Express主要賣捲餅，包括安格斯牛排捲餅（$7）、雞串燒捲餅（$6）、碎牛肉串燒捲餅（$5）/ 4.TACOFINO來自Tofino的炸魚塔口餅 / 5.Feastro以海鮮為號召，提供炸魚塔口餅、魚三明治、炸魚、蟹肉餅 / 6.Mom's Grilled Cheese麵包和炙燒奶酪的組合，標榜有媽媽的味道

卑詩省莓果

莓果國度莓果多

明知BC代表卑詩省(British Columbia)，指的是當初屬於英國版圖的哥倫比亞河(Columbia River)流域地區；我卻覺得BC也可以是「莓果國度」(Berries Country)，因為卑詩省盛產莓果。每年5月中旬開始，草莓、覆盆子(Rapsberry)、藍莓(Blueberry)、黑加侖(Black Currant)、鵝莓(Gooseberry)、黑莓(Blackberry)陸續上市；郊野或河濱、樹林間的鮭魚莓(Salmonberry)、頂針莓(Thimbleberry)、黑莓遍地，卻只供應蟲鳥。

1.覆盆子 / 2.藍莓 / 3.黑莓 / 4.頂針莓 / 5.鮭魚莓 / 6.蔓越莓

難得一見的蔓越莓水田收成
Cranberry

▲ 草叢裡的紅色寶石

10月初田野間最戲劇性的演出是蔓越莓（Cranberry）收成景觀。田裡灌滿水，纏著頭巾的錫克族人在水中推劀車，車過處便浮起一粒粒蔓越莓；隨著時間推移，一粒粒逐漸變成一抹抹，最終變成紅色水田，水面滿布莓果。工人將莓果攏在一塊兒，水管將果實吸入貨櫃，然後運往工廠處理。水收的蔓越莓多加工成果汁及果醬、果乾，很少生食，但溫哥華的西式甜點，藍莓以外，最常用的材料便是蔓越莓。

▲ 收成的蔓越莓

■ 交通資訊

9月底、10月初如果走訪列治文，不妨驅車（公車不到，步行有點兒遠）沿Cambie Road一路東行，過No. 7 Road後，道路左邊就會陸續出現窪田、水渠。收成沒有時間表，雖然趕上季節，看不看得到「美景」，有時候要碰運氣。

▲ 蔓越莓水田收成

玩樂篇
Sightseeing

加拿大怎麼玩？

加拿大幅員廣大，要從哪裡開始玩？本篇從溫哥華和洛磯山兩塊區域出發，
帶你玩遍兩地「超級景點」，並深入探索景點背後的奇聞軼事。

溫哥華

Vancouver

溫哥華旅遊指南

溫哥華是大花園

　　史丹利及伊莉莎白皇后公園、范杜森及卑詩大學植物園、中國及日本園林,四時彩繪自然。溫哥華是加拿大西岸門戶,玻璃帷幕高樓下,謙卑的「蓋士鎮」和「中國城」娓娓敘述溫哥華身世。而在山海圍繞的城市邊緣,有綠蔭濃密的溫帶雨林,有綠意覆蓋的花圃農田,也有靠海維生的漁村。

溫哥華是族裔融爐

　　原住民以圖騰柱陳述家族故事,歐洲移民建築起現代城市;亞洲移民急起直追,「印度城」裡處處香料、絲綢;華人更將版圖擴張出傳統的「中國城」,濱海的列治文(Richmond)儼然是個「小台北」。

全球宜居城市排名數一數二

　　溫哥華上山下海可以在同一天並行;溫哥華也是美食天堂,華裔居民會誇張的說:「我們早晨飲茶漱口!」無論是英國倫敦《經濟學人》雜誌(Economist),或美國紐約的美世(Mercer)人力諮詢公司全球評比,溫哥華都是美洲最適合居住的城市。

時差調整

　　溫哥華屬太平洋時區,夏天日光節約時間較台北時間慢15小時,冬令時間則慢16小時。所以請調整手錶指針,在夏天倒推15小時,冬天倒推16小時。

台灣時間	溫哥華時間	
舉例	夏天	冬天
15日08:00	14日17:00	14日16:00

溫哥華氣候

　　溫哥華天氣為溫和的海洋型氣候。終年多雨,11～12月最濕,7～8月最乾燥。雨多營造出茂密的溫帶雨林。

溫哥華全年每月的平均溫度
(攝氏 / 資料來源:www.theweathernetwork.com)

月分	1月	2月	3月	4月	5月	6月
溫度	4.8	5.9	7.6	10	13.2	15.9
月分	7月	8月	9月	10月	11月	12月
溫度	18.1	18.3	15.4	11.1	7.1	4.8

溫哥華9天行程規畫

Day 1 蓋士鎮(P.104)→中國城(P.106)→
史丹利公園(P.113)

Day 2 松雞山(P.122)→
卡皮蘭諾吊橋(P.121)

Day 3 伊莉莎白皇后公園(P.115)→
范杜森植物園(P.117)

Day 4 格蘭維爾島(P.108)→
卑詩大學人類學博物館(P.152)

Day 5 列治文(P.109)→
瑞菲爾候鳥保護區(P.124)

Day 6 溫哥華→維多利亞(P.126)→
布查特花園(P.128)

Day 7 維多利亞(P.126)→菲斯嘉燈塔(P.129)→
艾斯奎莫潟湖(P.130)→黃金溪公園
(P.130)→鄧肯(P.159)→夏美那斯(P.131)
→那奈摩Departure Bay渡輪碼頭
(P.52)

Day 8 那奈摩(P.52)→西溫哥華→
惠斯勒(P.138)

Day 9 惠斯勒(P.138)→坎路普斯(P.136)→
洛磯山國家公園全覽第1天行程(P.164)

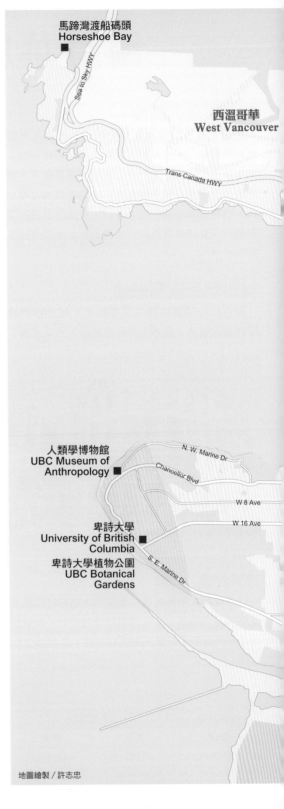

地圖繪製／許志忠

松雞山
Grouse Mountain

北溫哥華
North Vancouver

Nacy Greene way

卡皮蘭諾鮭魚養殖場

卡皮蘭諾吊橋公園
Capilano Canyon Park

Capilano Rd

Trans Canada HWY

林峽谷
Lynn Canyon Park

Lions Gate Bridge

史丹利公園
Stanley Park

溫哥華市中心 P.102～103

海上巴士
SeaBus
Passenger
Ferry

Second Narrows Bridge

W. Georgia

Burrard

E Hastings

HWY-1

Clark

Lougheed HWY

W 4 Ave

W. Broadway

E Broadway

Trans Canada HWY

Kingsway

本拿比
Burnaby

伊利莎白皇后公園
Queen Elizabeth Park

W 33 Ave

Granville

Oak

Main

Knight

E 33 Ave

Boundary Rd

范杜森植物園
VanDusen
Botanical Gardens

W 41 Ave

Cambie

E 41 Ave

Kingsway

S. E. Marine Dr

W 49 Ave

E 49 Ave

E 49 Ave

W 57 Ave

E 57 Ave

W 70 Ave

S. E. Marine Dr

溫哥華國際機場
Vancouver
International Airport

Oak St Bridge

S. E. Marine Dr

溫哥華市中心

溫哥華水族館
Vancouver Aquarlum

史丹利公園
Stanley Park

煤港
Coal Harbour

Park Drive

Pipeline Rd

←往獅門橋、北溫、西溫

Stanley Park Causeway

Cordova St

W Hastings St

W Pender St

W Georgia St

失落湖
Lost Lagoon

Robson

羅伯森購物街
Robson

Lagoon Dr

Dennman St

Barclay St

Nicola St

Jervis St

Bute St

Thurlow St

Nelson St

Comox St

Pendrell St

Davie St

Park Ln

Bidwell St

Beach Ave

Pacific St

Beach Ave

英吉利海灣
English Bay

Burrard Bridge

地圖繪製／許志忠

加拿大廣場
Canada Place

蒸氣鐘
Steamclock

水前站
Water Front

蓋士鎮
Gastown

中國城
Chinatown

Powell St

W Cordova St

E Hastings St

Water St

Carrall

Pender St

Keefer

Gore

Cordova St

Georgia Viaduct

觀景塔
Vancouver
Lookout

W Hastings St

W Hastings St

Cambie

W Hastings St

Abbott St

Quebec

Main St

太平洋購物中心
Pacific Centre

溫哥華藝術館
Vancouver Art Gallery

卑詩體育館
B.C. Place Stadium

Telus科學世界

Robson

Pacific Blvd

溫哥華公共圖書館
Vancouver Library

萬國廣場
Plaza of Nations

Smithe St

Nelson St

Richards St.

Homer St.

Expo Blvd

Cambie Bridge

Granville St.

Pacific Blvd

天車加拿大線

福溪
False Creek

Beach Ave

格蘭維爾島
Granville Island

溫哥華城市漫步
蓋士鎮 Gastown

溫哥華起源地

十九世紀中期，溫哥華廣袤的森林吸引伐木工形成聚落，接踵而至的是修築加拿大太平洋鐵路的工人。工人業餘最喜歡「英國蓋士」(Gassy Jack)的威士忌酒和他的胡吹亂蓋。蓋士原名約翰戴頓(John Deighton)，因為嗜酒，黃湯下肚後更喜歡高談闊論因此被稱為蓋士。

他一生與酒結下不解之緣，1867年在如今卡羅街(Carrall St)與華特街(Water St)交口開設沙龍，成為方圓30哩內唯一的酒館，因而經常高朋滿座；為保持酒牌資格，蓋士被迫同時開設旅館。但由於旅館設備簡陋，為防堵住客抱怨，每天早餐前，蓋士必定先奉送「開眼酒」(eye-opener)。

蓋士生前購地開設旅館及酒店匯聚人潮，人們漸漸將這裡稱作Gassy's Town，簡稱Gastown。蓋士作古後，拓荒先驅議決將聚落定名為「溫哥華」。1970年代市府都市更新計畫重建蓋士鎮，石板步道兩旁設置瓦斯燈，平添幾分古意；散步於古意中還可以採購紀念品，享受路邊餐館的悠閒和飄浮在空氣中的咖啡香。

▲ 木材仍然以水路運輸

http www.gastown.org
✉ 介於Water St(北)，Cordova St(南)，Cambie St(西)及Columbia St(東)間的區塊
➡ 天車Canada Line出Waterfront站，左轉沿Water St.步行可達

▲ 藝人當街作畫

▲ 1886年大火後重建的阿竿布拉旅店

蓋士銅像(Gassy Jack's Statue)
楓樹下的拓荒先驅

1886年6月一場大火燒去蓋士的產業，卻燒不去蓋士傳奇；100年後，溫哥華一位房地產商爲蓋士立銅像，並稱他「蓋士鎮之父」。銅像立於老楓樹下，底部的說明寫著：在此處的老楓樹下，1886年拓荒先驅將此地命名溫哥華。

蓋士鎮蒸氣鐘(Steam Clock)
號稱世界最古老的蒸氣鐘

蓋士銅像所在的楓樹廣場外，蓋士鎮蒸氣鐘是最多遊人留影的地方。老鐘以地下管線送出的蒸氣爲動力，號稱世界最古老的蒸氣鐘，遊客在鐘下癡癡等待的，是每15分鐘的噴氣和每鐘點伴隨水氣演奏的音樂。

蓋士銅像
⊃步行，位於Water及Carrall兩街交會點

蓋士鎮蒸氣鐘
⊃步行，位於Water及Cambie兩街交會點

▲「蓋士」銅像

▲ 世界最古老的蒸氣鐘

溫哥華城市漫步
中國城 Chinatown

華人在溫哥華的歷史軌跡

溫哥華尚未設市前，如今片打街(Pender St)與卡羅街(Carrall St)交界附近的上海巷(Shanghai Alley)已聚居上千華人，這些人多半於加拿大太平洋鐵路竣工後滯留溫哥華，並陸續發展商業、社團，成為自給自足的社區。

🌐 www.vancouver-chinatown.com
✉ 介於Pender St(北)，Keefer St(南)，Carrall St(西)與Gore St(東)之間的區塊
➡ 天車Expo Line及Millennium Line出Stadium-Chinatown或Main Station；公車3、4、8、10、14、16、19、20、22。到達中國城後，步行即可遊覽所有景點

▲ 中國城風貌

上海巷
✉ 位於West Pender與Taylor St交會口

上海巷(Shanghai Alley)
藉著銅鐘、泛黃的照片翻閱華人的過去

1920年前，上海巷和廣東巷便是溫哥華華裔移民主要活動範圍，戲曲、麻將聲及往來電車鈴聲，都成為居民生活的一部分。20年代以後，中國城向緬街(Main St)東移，上海巷開始沒落，隨著市政府封閉上海巷建成倉庫，上海巷終於走進歷史，中國城卻未陪葬。

2002年2月「華埠歷史巷」重新開放，圍繞著姊妹市廣州所贈送的銅鐘，藉著泛黃的圖片及文字，上海巷的過去又被一頁頁翻閱。

三記行(Sam Kee Building)
世界最窄的樓房

1904年，商人葉生開始帶領興建緊鄰的廣東巷，並將華工安置在一棟7層樓公寓。雖然中國城商店、人口增加，政治及居住環境並未改善，加拿大政府於鐵路完工後，立即向留下來的華人收取50元人頭稅，1903年更增至500元。樓房公寓住客擁擠，一鋪甚至多人合用，洗澡還必須付費到三記行底樓使用浴室。

1912年市府即下令徵收土地拓寬片打街，由於未獲政府補償，三記行店主陳才便在片打與卡羅街交界僅有的土地上再建店面，6呎寬的店面因而成為「世界最窄的樓房」，也成為中國城觀光點之一，地下室華工澡房更記錄早期華人生活片斷。

三記行
✉ 8 West Pender St

中華門
✉ 50 East Pender

中華門(China Gate)
中國式小橋、流水、飛簷精緻怡人

中國城於70年代被市政府列入歷史區重建，得以保存往昔風貌；1986年世界博覽會中國館留下的牌樓「中華門」，多年來已成中國城地標，牌樓內孫中山公園(Dr. Sun Yat-Sen Garden)裡，花木扶疏，小橋、流水、飛簷妝點的蘇州亭園精緻怡人，也成溫哥華觀光點。

沿片打街經過Columbia Street後，中國城傳統市場逐漸出現，生猛海產、新鮮蔬果與參茸等乾貨鋪陳街側，讓人彷彿又回到往日時光。

溫哥華城市漫步
格蘭維爾島, Granville Island

活力海灣市場

1859年，喬治理察斯船長(Captain George Richards)為尋找前往亞洲的「西北通道」進入海灣，船行不久卻發現海灣終止於沼澤，更像一條溪流，因而稱海灣為「誤溪」(False Creek)(或稱福溪)。

誤溪與海洋交口的沙洲，曾是原住民冬季魚場，1915年溫哥華海港局向聯邦政府取得沙洲後，發展成格蘭維爾島，並於1950年重建誤溪南岸為住宅及商業區，藝術家將工作坊搬入格蘭維爾島，1979年開張的格蘭維爾島公共市場(Public Market)更聚集了新鮮果蔬、肉類、海鮮攤販及飲食店，也招徠人潮，逐漸成為溫哥華主要觀光景點。

城市的活力充滿格蘭維爾島，市民享受傳統市場的新鮮，觀光客穿梭在攤販、工作坊間探尋城市的脈動，藝人即興演奏樂器或表演魔術、雜耍

▲誤溪，小水巴悠然往來水波間運載遊客

都能贏得掌聲，溪中小水巴悠然往來水波間運載遊客。坐在公共市場外臨水甲板上，對岸溫哥華高樓似乎遮去驕陽，清風拂面，還真難分清楚是海風？是溪風？

http www.granvilleisland.com
→天車Canada Line 出Olympic Village換乘公車50路

▲格蘭維爾島公共市場

玩樂篇

溫哥華城市漫步
列治文 Richmond

現代城市漁村風貌

華人聚集的列治文市，也是值得遊覽的城市。城市西南角的史帝夫斯敦村(Steveston Village)漁人碼頭是最熱門的觀光點，喬治亞灣罐頭廠(Gulf of Georgia Cannery)則記錄城市的過去。

列治文由菲沙河沖積的17島組成，市區位於最大的「露露島」(Lulu Island)，溫哥華國際機場則位於第二大的「海島」(Sea Island)。露露島以女藝人露露小姐(Lulu Sweet)命名，卻沒有證據顯示露露小姐曾經涉足列治文。

▲ 列治文市以捕撈鮭魚製作罐頭起家

www.richmond.ca
●天車Canada Line有4站在列治文，Bridgeport站可轉支線到溫哥華國際機場，Aberdeen、Lansdowne、Richmond-Brighouse站都在繁榮的商業區；Richmond-Brighouse站是Canada Line起站(終站)

西方亞洲特區(Asia West)
24小時不打烊的不夜城

中環、置地及統一、新時代廣場，加上時代坊、八百伴、百家店購物中心，分布於列治文最熱鬧的3號路，組成「西方亞洲」特區。驅車行經市區，放眼盡是中文商招，盈耳則是粵語、普通話及台灣話交雜，直教人分不清身在何處。先是香港再是台灣與中國大陸，華裔移民接踵而至，如今華人已占列治文半數人口；也由於華人多，不但華資商店林立，中餐館多且卯足勁競相招徠，使列治文幾乎成為24小時不打烊的不夜城。

西方亞洲特區
✉介於Westminster Highway與Cambie St間的3號路沿線
●天車Canada Line，Lansdowne或Aberdeen Station；公車403、410

冬奧巨蛋(Olympic Oval)
屋頂奇特的列治文新地標

列治文最新的地標為冬奧巨蛋，位於菲沙河口河堤畔，是為迎接2010年冬奧而興建。屋頂設計採蒼鷺(Blue Heron)展翅造形，可收集雨水以供滑道製冰與浴廁用水，多餘的則流儲於館外的水池中，留供夏天枯水期澆灑花木。屋頂奇特的木波(Wood Wave)設計，由上百萬木塊構成，這些木塊來自卑詩省受松線蟲(Pine Beetles)破壞林木的廢物利用。館內主要設施是400公尺速溜滑道，提供快速溜冰競賽；平時可提供市民溜冰、健身、球類等各類體育活動。

冬奧巨蛋
- ✉ 6111 River Road
- ➡ 天車Canada Line，Aberdeen Station下車，取道Cambie St西行，遇River Road左轉，沿河南行約1公里

漁人碼頭
- ✉ Steveston Village
- ➡ 公車401、402、407、410

漁人碼頭(Fisherman's Wharf)
坐在甲板上沐浴海風

雖然航運、農業、高科技、零售、觀光業都挹注列治文財庫，城市的根卻植於漁業。列治文捕漁業輝煌歲月雖然消逝，但史帝夫斯敦漁港仍舊保有加拿大最大的商業捕漁船隊，漁港往昔風貌則留存於漁人碼頭及喬治亞灣罐頭廠。

如今史帝夫斯敦村漁港依然桅桿交錯，每逢週末，載回新鮮魚蝦的漁民便將船停靠碼頭，本地居民忙著搶鮮，觀光客也穿梭其間湊熱鬧。夏日旅遊旺季，漁人碼頭車水馬龍，空氣間飄浮著炸魚、烤肉香，遊客或是遊走紀念品店尋寶，或是握著冰淇淋捲筒坐在甲板上沐浴海風煦日，一面欣賞即興演唱。

▲ 漁人碼頭

▲ 漁人碼頭市集

喬治亞灣罐頭廠(Gulf of Georgia Cannery)
藉著老照片還原工廠實景

19世紀末期，鮭魚船隊便已聚集列治文碼頭，鮭魚罐頭工廠應運而生，其中以喬治亞灣罐頭廠的規模最大。1979年加拿大聯邦政府買下罐頭廠，改作國家歷史古蹟，並於工廠百周年時開放參觀。

走進罐頭廠，生產線從碼頭卸下魚貨開始，分類、秤重量、去頭尾、破膛、清洗、切塊、裝罐、檢驗、蒸熟、貼標籤、裝箱、裝上卡車，模型展示的鮭魚罐頭製作過程栩栩如生。藉著老照片還原現場，輸送帶轉動聲伴著此起彼落的吆喝，清洗鮭魚的水聲中夾雜女工的家常閒話，殺魚的機器聲間鮭魚頭、尾、內臟漫天亂飛。30名華工也許是最埋頭苦幹的一群，1分鐘處理5條魚的速度讓其他族裔很難匹敵，因此機器發明以前，華工控制著生產線速度；使用機器以後，穿著雨衣掌控機器操刀的還是華工，也難怪機器命名為「鐵華工」(Iron Chink)。喬治亞灣罐頭廠也展示鯡魚加工過程、西海岸漁業發展歷史、漁民作業方式及工具。

喬治亞灣罐頭廠

🌐 www.gulfofgeorgiacannery.com

✉ 12138 Fourth Ave., Steveston Village

➡ 公車401、402、407、410

玩樂篇

溫哥華城市漫步
城市公園 City Parks

夏天綠蔭覆罩，秋季楓紅層層

溫哥華是嵌在山水中的城市，即使市中心高樓連雲，樓間巷道也框起海灣與青山。溫哥華是園林都會，史丹利公園、伊莉莎白皇后公園早已成觀光勝地，范杜森植物園最能留住春色。即便是驅車兜風，巷弄之間春日櫻花夾道，夏天綠蔭覆罩，秋季楓紅層層，每一轉彎都教人驚歎。

春最愛駐足園林溫哥華。3月底，櫻花先捎來春的消息，不同品種的櫻花有默契似的陸續開放，羈絆住春的腳步，粉白的李花、娉婷的木蓮都爭不過櫻花，只能坐望風起時花海翻騰。等不及櫻花退位，蟄伏了一冬的喇叭水仙和鬱金香，聽到春的腳步，便光鮮亮麗登場，將嬌豔鋪張在道旁、園林及人家的花圃，春也不再含蓄，任由花瓣渲染成色彩繽紛。

即使不再搶眼，櫻花堅持妝點溫哥華到5月。山杜鵑(rhododendron)也不等鬱金香香消玉殞，早熟的杜鵑花，披著一身粉嫩或豔紅，迎向淡淡的三月天；4月底更浩浩蕩蕩上場，用花色挑戰光譜，甚至壓去牡丹風采。

史丹利公園(Stanley Park)
各國遊客必定走訪的觀光點

「**全**時間提供所有膚色、信仰、習俗的人們使用和享受，我將此地命名為史丹利公園」。1889年10月，加拿大總理史丹利(Lord Stanley)開啟1,000畝地的公園，不但溫哥華居民受惠，史丹利公園也成為世界各地遊客必定走訪的觀光點，估計每年800萬遊客到訪。

史丹利公園既是森林，也是花園、球場和遊樂場，濃綠的紅杉林，庇護淡綠的藤楓、莓果叢及蕨類；春天櫻花的嫩粉，夏日玫瑰的豔麗，秋天的楓紅層層，在不同季節為公園渲染上不同色調，永遠不變的主調還是綠色。加拿大雁、海鷗和居民、遊客及板球和草地保齡球員分享如茵綠地，慢跑、直排滑輪、自行車和散步的人群共享海灣步道，天鵝、綠頭鴨家族最愛優游於河狸湖(Lake Beaver)及失落湖(Lost Lagoon)湖波間。

遊客們最愛觀賞圖騰柱和獅門橋

遊覽史丹利公園，多數觀光客都停靠布洛克頓岬(Brockton Point)、眺望岬(Prospect Point)。布洛克頓岬的圖騰柱，概略說明原住民以柱記事的習俗(P.155)。眺望岬是史丹利公園最高點，從眺望岬可以看到1939年啟用的獅門橋(Lions' Gate Bridge)。獅門橋由雙獅把關，有幾分神似金門大橋，只是橋身以綠色取代搶眼的橋紅；為連接北溫及西溫主要橋梁，橋上車輛川流不息，橋下不時可見出入溫哥華港的大型遊輪、貨櫃輪、小遊艇以及風帆。

史丹利公園
http www.vancouver.ca/parks
✉ West Georgia St底，接上 Stanley Park Causeway
➡ 天車Canada Line出Waterfront站，出站左轉沿 Seymour St上坡，在與 Pender St交口處換乘公車19路入園

▲ 圖騰柱

▲ 獅門橋，幾分神似金門大橋

▲ 天鵝、綠頭鴨家族最愛優游於河狸湖，湖中的突起是河狸搭建的家

大型水族館，飽覽千種水族生物

　　孩童更喜歡公園裡的小火車、小動物和寓教於樂的水族館。水族館水缸裡大大小小的水母不停沉浮，彷彿滿天降落傘；海葵隨著水流搖擺，像似舞蹈的長筒襪；熱帶魚穿梭珊瑚礁間比優雅也比亮麗。世界第一大河亞瑪遜河（Amazon River）雨林中，蝴蝶翩翩飛舞，藍色的大蝴蝶總不肯歇息，鏡頭很難捕捉到身影。

原來青蛙與恐龍是同輩

　　除了加拿大太平洋及卑詩省沿岸水族，水族館也蒐集了熱帶海洋生物，更為青蛙專門開闢展覽場。從沙漠到極帶，除南極外，世界上有4千多種蛙類。恐龍絕跡了，與恐龍同輩的青蛙卻能經歷4次冰川期，依然活躍於地球。青蛙館詳盡介紹青蛙生態，也敘述原始民族對青蛙祈雨的寄望、現代人以青蛙驗孕及預測氣象的有趣故事。

最受歡迎的白鯨秀

　　海獺、海豚、海獅及海狗，還有一群企鵝，都是水族館居民，最受歡迎的卻是白鯨。白鯨是加拿大鯨魚族群中最大的一支，居住於極帶冰洋，每年春季破冰後多聚集於河口，一面洗浴一面脫皮；水族館的白鯨沒有覓食及遷徙的煩惱，雖然住所不如冰洋廣闊，卻也顯得自在悠閒。

　　白鯨不像其他鯨魚無法搖頭，其構造接近海豚，因此白鯨不時將頭露出水面，左顧右盼得意洋洋，或將尾巴伸向水面招搖；一旦在訓練人員指揮下開始表演，更使出渾身解數噴水拍尾，樂得孩童驚叫連連。

1.水母不停沉浮，彷彿滿天降落傘／2.白鯨表演／3.企鵝／4.海獺／5.海豚／6.海獅

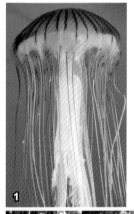

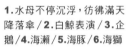

伊莉莎白皇后公園
(Queen Elizabeth Park)
溫哥華第一處公共公園

1939年5月，英王喬治六世偕皇后伊莉莎白訪問溫哥華造成一股熱潮，市民擠向溫哥華旅館希望一睹皇室風采，市府特別將規畫中的市民公園命名伊莉莎白皇后公園。

占地130英畝的伊莉莎白皇后公園，曾是市府採石場，從「小山」採下的砂石，鋪設溫哥華第一條道路；挖空的凹地，用作市民飲用水蓄水池。30年代在卑詩省鬱金香協會敦促下，市府才考慮仿效溫哥華島的布查特花園（Butchart Gardens，見P.128），填窪地建立第一處公共公園。

繁花似錦的採石場花園

採石場造成的兩座花園以小徑相連，北採石場花園規模較小，卻提供坡頂的季節餐廳（Seasons）室外園景；站在坡頂觀景點遠眺，北溫哥華高山下便是溫哥華市區高樓天際線，伯納德內灣一水如帶區隔兩地，遊客攬勝之際，也不忘與〈照相〉（The Photo Session）雕塑合影。雕塑是作者強生（J. Seward Johnson Jr.）送給公園的紀念品。遊客通常更喜歡流連於小橋流水、繁花似錦的大採石場花園。

伊莉莎白皇后公園
🌐 www.vancouver.ca/parks
✉ cambie St & 33rd Avenue
➡ 天車Canada Line出Oakridge-41st Ave站，在Cambie St搭公車15路於33rd Ave下車；天車Canada Line出King Edward站，沿Cambie St南行

1.溫哥華市區高樓天際線／2.雕塑〈照相〉／3.繁花似錦的大採石場花園

布羅岱圓型溫室

🕐 4～9月10:00～18:00
　　11～2月10:00～16:00
　　3、10月10:00～17:00
🚫 聖誕節
💲 $7.4(19～64歲)
　　$5.2(13～18歲及65歲以上)
　　$3.7(5～12歲)

1. 銅塑〈刀緣〉/ 2. 熱帶雨林、亞熱帶和沙漠帶植物及花卉 / 3. 布羅岱圓型溫室 / 4,5,6. 鳥類鮮麗多彩的羽毛，彷彿故意與花朵爭豔

布羅岱圓型溫室，花鳥爭奇鬥豔

　　蓄水池加蓋後，再蓋上林業巨子布羅岱（Prentice Bloedel）捐款125萬而建的一座圓型溫室，溫室因而獲名。布羅岱溫室直徑43公尺，最高處21公尺，圓頂下擠滿熱帶雨林、亞熱帶和沙漠帶植物及花卉。鳥類鮮麗多彩的羽毛，彷彿故意與花朵爭豔；鸚鵡不時興起的聒噪，伴著淙淙流水，讓溫室更充滿生氣。

　　清晨，布羅岱溫室周圍道早問安聲此起彼落，有人迎朝陽舞劍、有人聞樂聲起舞，練太極拳的人群卻和亨利莫爾（Henry Moore）的銅塑〈刀緣〉（Knife Edge）一樣安靜，擺畫攤的藝術家接踵而至，緊接著便是一車車觀光客。

范杜森植物園
(VanDusen Botanical Gardens)
美麗的自然生態之旅

范杜森植物園不僅是花園，更是活生生的植物博物館，來自亞洲、地中海、南半球及北美東西岸的花卉植物，分布於55英畝綠地。楓林、竹林、針葉林之間，點綴著湖泊、池塘，小溪及瀑布；幾乎所有植物都插上名牌，解說植物名稱和出處，行走於林蔭步道或花間小徑，不但賞心悅目，也是一趟美麗的知性之旅。

加拿大太平洋鐵路公司原本計畫出售這塊土地建房屋，卑詩省及溫哥華市政府與范杜森(W. J. VanDusen)共同出資，將土地買下設計成植物園，公園因而以范杜森爲名。

山杜鵑及花仙子的四季接力賽

早春屬於山茶與杜鵑花，植物園的山杜鵑卻能一直開放到5月底，粉紅、深紅、桃紅、橙紅、粉白、嫩黃、金黃、紅紫、藍紫，將山杜鵑步道

范杜森植物園
- http www.vandusengarden.org
- 5251 Oak Street
- 4/1～10/31期間：$12.3(19～64歲)，$8.6(13～18歲及65歲以上)，$6.15(5～12歲)；其他季節$8.90 / $6.25 / $4.45
- 開放時間每月不同，請查詢網址
- 聖誕節不開放
- 天車Canada Line出Marine Drive站，換公車17路，在Oak St及37 Ave交口下車

1.睡蓮池／2.葡萄風信子／3.藍鈴／4.山杜鵑／5.黃金雨／6.洋繡球／7.太陽花／8.印加百合／9.荷包牡丹

玩樂篇

四照花為卑詩省省花

四照花(也譯為山茱萸)是卑詩省省花,溫哥華地區處處可見,不同時間開花的不同品種花色各異,黃色的稱中國女孩(China Girl),粉色是春歌(Spring Song),紅花又名夏洛基酋長(Cherokee Chief),大白花則稱艾迪的白色驚奇

▲ 手帕樹

▲ 蚊子圖騰柱

(Rhododendron Walk)妝扮得花團錦簇。木蓮花無法與杜鵑鬥豔,嫩葉托著淺紫、奶白倒也清麗脫俗;蟄伏了一冬的鬱金香卻不遑多讓,紅、黃、粉都出色搶眼。待鬱金香老去,紫藤覆棚、金雨花夾道之際,夏日玫瑰已經蓄勢待發,洋繡球隨後會讓人眼花撩亂。

睡蓮池塘,池邊小動物的天堂

繁花宣示的春天,也將加拿大雁和水鴨引回植物園。睡蓮鋪滿的池塘邊,綠頭鴨媽媽搖搖擺擺地領著成群小鴨覓食,跟隨鴨族的是滿臉新奇的遊客;加拿大雁不若水鴨靈活可人,護著孩子的雁爸爸會伸頸吐舌威脅來客,龐大身軀更經常打亂湖間紅楓倒影。水邊漫步,但見鳶尾花顧影自憐,水中漣漪猜想多半是老魚吹浪;露出水面的石頭上,三、兩隻烏龜交疊著分享暖日。

喜瑪拉亞園,栽植上千種中國花木

中國・喜瑪拉亞園(Sino-Himalayan)占植物園相當面積,揭露西方眾多花樹身世,其中「白鴿樹」(Dove Tree)更牽繫東方植物引進西方的源頭。據說,1898年一位英國植物學家到中國旅行,在四川發現類似四照花(Dogwood)的樹,按駐紮於中國的法籍傳教士亞曼大維(Armand David)描述:「白色的花從樹枝垂下像是滿樹手帕,又似白鴿鼓翼。」樹因而被命名「手帕樹」或稱「白鴿樹」。這則消息引起威爾森(Ernest H. Wilson)的興趣並前往中國西北及西藏採集種子,1898~1910年間,中國的櫻草花、木蓮、罌粟、紫藤及不同的玫瑰、杜鵑、山茶花等上千種花木,因此都流進歐洲並隨移民移居美洲,也得以在園內展示;山茶、杜鵑環繞中的「憩園」及「高麗亭」比花木更突顯園內植物與亞洲的關連。

春夏繁花凋零後,秋天的顏色會在植物園的楓林及秋林(Autumn Colour Arboretum)中展現,冬天則是忍冬青果實最搶眼的季節;四季不變的是長青的針葉林及叢樹雕飾的「迷宮」(The Maze)。

原住民圖騰柱,蚊子祖先的傳說

植物園林深處藏著一對圖騰柱,其中一柱敘述蚊子祖先巴波迪納(Baboudina)故事。傳說獵人們和妻子一同打獵,突然遇到一群怪物追殺,他們慌忙上山逃命卻造成雪崩,消滅了全部怪物,僅存的怪物巴波迪納則殺死所有獵人。倖存的一位婦女逃到垂在湖上的樹枝,巴波迪納誤認湖上的倒影為婦人,因而不斷下水攻擊,終於凍斃。婦人取下巴波迪納的心臟在同伴屍體上搖動,同伴一一復活;然後,他們一齊將巴波迪納身體火燒,揚起的灰燼就變成蚊子飛散。

| 跟著賞櫻地圖，掌握最新花況 |

滿城櫻花春色無邊

1860年代，溫哥華移民沿襲傳統，種植大型落葉喬木如榆、楓為路樹。20世紀中期，長成的大樹樹根及枝葉，破壞地下管道也妨礙地上電線的設置，公園管理委員會改變植樹習慣，開始種植體型較小且會開花的薔薇科植物，如紫葉李和觀賞櫻。1990年的調查發現，全市89,000棵公有路樹有36%是薔薇科，關山櫻和紫葉李最多，也成就了溫哥華地區絢麗春色。

美國曙櫻令人驚豔

溫哥華最早的500株櫻花，來自1930年代日本神戶與橫濱的餽贈，為紀念一次大戰犧牲的日裔加拿大軍人。而今，54種櫻花遍布公園及街巷，從2月底到5月初陸續開放，單瓣的櫻花先前，複瓣跟進，熱鬧妝點溫哥華市容也羈絆住春的腳步。

美國曙櫻(Akebono)是日本染井吉野櫻變種，最適應溫哥華多雨的環境，因而近年大量種植，3月底到4月中營造的花海最令人驚豔。列治文的蓋瑞岬公園(Garry Point Park)及福溪邊的林思齊公園(David Lam Park)百株成林。伊莉莎白皇后公園33街和Cambie街交叉口的老樹，是1958年日本大使象徵友誼的禮物；史丹利公園入口周圍和玫瑰園，也見美國曙櫻怒放；天車博覽線的布勒站(Burrard Station)周邊更是櫻花成蔭。

垂櫻、晚櫻次第展開

紅枝垂櫻與美國曙櫻花期相當，最壯盛的垂櫻陣仗在溫哥華市區的范杜森植物園。青綠草場襯底，高大的粉紅垂枝更加出色。植物園內與紅枝垂櫻抗衡的是低矮卻雪白且形似噴泉的

垂櫻(Snow Fountain Weeping Cherry)。

花色雪白的櫻花不多,太白櫻(Tai Haku)是其中一種;白妙櫻(Shirotae)更是少數有綠葉襯托白花的品種。兩種白色櫻花都能在卑斯大學植物園觀賞。植物園在4月中到5月初,還得見白普賢櫻。

也許需要更多時間醞釀,4月中到5月初開花的晚櫻,例如關山櫻、鬱金櫻、一葉櫻、白普賢櫻,花瓣都較繁複,菊櫻甚至發展到極致的上百花瓣。晚櫻中最常見,也是溫哥華公園管理委員會最早種植的是關山櫻;關山櫻直立的身型,透露被選作市區行道樹的原因。

春光明媚結伴賞櫻

2005年起,每年4月,溫哥華都會舉辦櫻花慶會(Vancouver Cherry Blossom Festival)。從組織慶會的社團網站(www.vcbf.ca),不但能看到活動內容,溫哥華櫻花品種介紹,還能透過賞櫻地圖,追尋社區最新花況。此外,擔任櫻花節首席勘查員與顧問的綠色文化俱樂部(www.greenclub.bc.ca)創始人林聖哲,也會在櫻花季帶領賞花。

溫哥華城市漫步 北溫山水 North Vancouver

散步在溫帶雨林之中

卡皮蘭諾吊橋(Capilano Suspension Bridge)
體驗走過吊橋的驚心動魄

懸吊在河床上70公尺，儘管兩頭用鋼筋水泥穩固，走在137公尺長的卡皮蘭諾吊橋，搖搖晃晃中俯望奔流還是令人暈眩。目前的吊橋已是1956年第4次建造，百餘年來，最初的麻繩已變成鋼纜；貿易站、圖騰柱、故事中心、懸崖步道(Cliffwalk)與林梢步道(Treetop Adventure)陸續加入，將卡皮蘭諾發展成北溫觀光名勝，遊客不但體驗走過吊橋的驚心動魄，還可以漫步林間池畔，走在伸出懸崖的階梯，甚至步行在連接大樹的林梢步道，看山、看水、看森林，與自然親密接觸。

1.林梢步道行走在森林枝椏之間／2.懸空的懸崖步道步步驚心／3.景區內的圖騰柱

卡皮蘭諾吊橋
- www.capbridge.com
- 3735 Capilano Road, North Vancouver
- 上網購票：$66.95(18～64歲)，$61.95(65歲以上)，$36.95(13～17歲)，$26.95(6～12歲)；現場購票：$69.95／$64.95／$39.95／$29.95；下午5點以後入場$52.95／$48.95／39.95／$22.95
- 開放時間每月不同，請查詢網址
- 聖誕節不開放
- 從天車Waterfront站搭海上巴士(SeaBus)到北溫哥華龍斯岱爾碼頭(Lons-dale Quay)，轉乘公車236路(Bay 8)到在卡皮蘭諾吊橋站下車

酋長姓氏：卡皮蘭諾
　　卡皮蘭諾是原住民首長家族姓氏，與溫哥華歷史關係密切。卡皮蘭諾家人曾經迎接溫哥華船長(Captain George Vancouver)、探險家賽門菲沙(Simon Fraser)；1906年喬伊卡皮蘭諾(Joe Capilano)更帶領3位酋長赴英國倫敦要求皇室給予土地，他的故事被詩人寫成溫哥華傳奇；卡皮蘭諾家族代表也是卑詩省第一位享受投票權的原住民。

林峽谷公園吊橋

✉ Peters Road & Duval Road, North Vancouver

💲 免費

🕐 生態中心(Ecology Centre)：6～9月10:00～17:00
10～5月12:00～16:00

➡ 從天車Waterfront站搭海上巴士(SeaBus)到北溫哥華龍斯岱爾碼頭(Lonsdale Quay)，轉乘公車229路(Bay 3)到林峽谷公園，在Peters及Duval路交會口下車

松雞山

🌐 www.grousemountain.com

✉ 6400 Nancy Greene Way, North Vancouver

💲 最基本的門票為Alpine Experience，包含登天纜車及所有表演。$75(17～64歲)，$65(65歲以上)，$55(13～18歲)，$39(5～12歲)，$189(家庭票，2大2小)。高峰纜車、溜索另外加價

🕐 每天09:00～22:00

➡ 從天車Waterfront站搭海上巴士(SeaBus)到北溫哥華龍斯岱爾碼頭(Lonsdale Quay)，轉乘公車236路(Bay 8)到終點站

▲ 登天纜車

林峽谷公園吊橋
欣賞峽谷間的綠水白湍

北溫哥華的林峽谷公園(Lynn Canyon Park)也有一條規模較小但免費遊覽的吊橋。吊橋於1912年開放，全長48公尺；橋下50公尺處，林溪(Lynn Creek)必須擠過石壁並克服落差前進，水勢較卡皮蘭諾河更急，峽谷之間綠水白湍，峽谷之上森林蓊鬱。

1.免費遊覽的林峽谷吊橋／**2.**公園裡的溫帶雨林層層綠意／**3.**峽谷之間的綠水白湍

松雞山(Grouse Mountain)
因獵獲藍松雞而命名

1894年，水力工程師克利夫蘭(E. A. Cleveland)與友人登山打獵，由於獵到一隻藍松雞，因此將山命名「松雞山」。

搭登天纜車與高峰纜車，登溫哥華之頂

搭乘容納百人登天纜車(Skyride)登上松雞山，掠過道格拉斯樅、紅杉、雲杉、鐵杉林梢，城市塵囂漸遠，自然懷抱愈近，8分鐘便抵達海拔3,700呎的高山站。下車後也許正好趕上伐木工表演(Lumberjack Show)。

轉乘高峰纜車(The Peak Chairlift)再往上升，4,100呎之上，與周圍群山肩並肩，才是真正到達溫哥華之頂(Peak of Vancouver)。1970年啟用的高峰纜車，冬天是滑雪遊客交通工具，夏日則協助遊客挑戰高峰。由於林木稀疏，強行登頂的風顯得肆無忌憚，坐在毫無遮攔的纜車上，立即體會高處不勝寒的滋味，400呎的攀升因而覺得漫長；一旦登

頂，只見天空無限，天空之下的山、海彷彿縮小了，溫哥華更遠在山海之外。

1.高峰纜車／2.伐木工競賽包括：伐樹、射靶、鋸木、爬樹／3.溜索活動／4.貓頭鷹／5.木雕呈現了原住民和登山者故事／6.雙熊對決是嬉戲還是肉搏？

伐木工表演，看身手不凡的特技表演

　　卑詩省森林資源豐富，伐木工即是溫哥華早期居民，松雞山上的伐木工表演身手不凡，讓人從娛樂中看見過去。45分鐘表演由兩名伐木工競賽爬樹、伐樹、鋸木、木雕、手斧射靶、水中滾木，過程精采刺激。

　　山上的表演者不僅伐木工，貓頭鷹、白頭鷹、禿鷹及游隼都加入演出行列。白頭鷹和游隼視力犀利、行動敏捷，俯衝獵食本領一流；禿鷹展翼相當可觀，但牠情願借風翱翔，也在地上跳躍撿食腐肉；貓頭鷹在陽光下彷彿睜不開眼，其實牠聽力不遜於視力，在表演中一直惶惶然，正是聽到遠方天空盤旋的野鷹。

溜索和滑翔翼，體驗林間穿梭及高空翱翔的樂趣

　　刺激的也不僅觀賞伐木工表演，利用高度落差搭建的溜索（Zipline），讓人在林間快速下滑，瞬間山林倒退，還來不及尖叫，已經抵達另一端；相形之下，隨風飄揚的滑翔翼顯得悠閒自在。

注意！有熊出沒

　　沿著向森林致敬步道（Tribute to the Forest）漫步，一路欣賞30座16呎高的木雕。木雕呈現了原住民和登山者故事，描述居住在山林的熊與山羊、狼，執意溯溪而上、返鄉繁殖的鮭魚，和翱翔天空的雄鷹。山上還真有熊，兩頭失怙的灰熊在松雞山找到了家，溫飽之餘攀樹、追逐、戲水甚至打鬥，也讓遊客得以近距離觀賞。

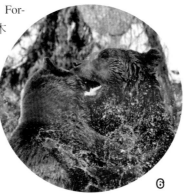

溫哥華私房景點

瑞菲爾候鳥保護區
Reifel Migratory Birds Sanctuary

城市邊緣的沼澤及農田景觀

瑞菲爾候鳥保護區

🌐 www.reifelbirdsanctuary.com

➡ 自駕，從溫哥華取道99號公路南行，轉17號公路續南下，右轉Ladner Trunk，沿路前行，路名會變成River Road，續行River Road直到看到Reifel Migratory Birds Sanctuary指標，依標示前進即可抵達三角洲市(Delta)雷德納村(Village of Ladner)

　　占地300公頃的瑞菲爾候鳥保護區，不僅是過境候鳥的體力補充站，綠頭鴨、加拿大雁似乎已將保護區當成家，四時可見鴨雁在區內遊蕩，春末夏初更常見母鴨雁帶著毛絨絨的新生兒游水。鴨雁群中，偶爾得見羽色鮮豔的樹鴨。以水濱樹洞為巢的樹鴨是鴛鴦的親戚，卻不似鴛鴦張揚，因此不期而遇更讓人驚喜。

農田一望無際，採果全家總動員

　　1879年設置的三角洲市(Dalta)，正是菲沙河(Fraser River)挾帶大量泥砂在入海口堆積出的三角洲；雷德納(Ladner)兄弟就看中了土地肥沃，開始在此務農，村落因此獲名。看中雷德納的不僅是雷德納兄弟，更多農戶遷入，衛斯罕(Westham Island)島上農場錯落分布。據說，二次大戰期間，衛斯罕島附近農地生產加拿大1/3的甜菜籽，如今，馬鈴薯田一

▲ 淡紫、乳白的馬鈴薯花一望無際

▲ 南瓜田稻草人

望無際。

7月初,淡紫、乳白的馬鈴薯花與青綠逐漸轉成金黃的麥穗,最愛隨風競舞;而在漿果農場,5月中旬開始的草莓採摘已近尾聲,隨後登場的是覆盆子、黑加侖、黑莓和藍莓,小孩伸手可及的藍莓尤其豐盛,常見舉家穿梭叢間分享收成的喜悅。

▲ 衛斯罕小木橋旁的水上人家

接待數萬雪雁過境

秋風起時,橘黃色的大南瓜點綴田野,也是雪雁來訪的季節。近十萬隻來自俄羅斯的雪雁,成天在沼澤濕地覓食,發掘農地收穫後殘留的馬鈴薯,也享受農人專門為牠們種植的草料,數萬隻雪雁成群起落,總將瑞菲爾候鳥保護區喧嚷得熱熱鬧鬧。

▲ 尖尾鴨

尋訪保護區最特殊的居民沙丘鶴

保護區內最特殊的居民該是沙丘鶴(Sandhill Crane)一家。沙丘鶴遷入保護區已十幾年,以往尋尋覓覓也難見到身影,如今沙丘鶴可能因習慣環境不存戒心,竟然與鴨雁搶食,形成「鶴立鴨群」的有趣畫面。

看水上人家潮起潮落

走訪衛斯罕要跨河,架在河上的木橋只能容小轎車單向通行。等候對方來車的短暫時間,我喜歡瀏覽沿河搭建的水上人家,看潮起潮落在屋腳留下的水痕;返程時從橋頭舉目,眼前是構築在大樹上的鷹巢,白頭鷹高高在上守衛家園,也看護著還未長成白頭的幼鳥。

1.加拿大雁全家一起散步/
2.綠頭鴨/3.樹鴨/4.白頭鷹/5.沙丘鶴/6.雪雁

溫哥華周邊景點
維多利亞 Victoria

人間伊甸園

1842年，道格拉斯(James Douglas)登陸維多利亞附近的克羅佛岬(Clover Point)時，立即感覺到水土氣候宜人，應是人間伊甸園。他立即在港灣邊建立哈得遜灣公司商站(Hudson's Bay Trading Post)，並以英國女王命名當地為維多利亞堡(Fort Victoria)。

▲ 布查特花園

🔵 天車Canada Line在Bridgeport站轉搭公車620路到終點，即前往溫哥華島的卑詩渡輪(BC Ferries)起點祖瓦生碼頭(Tsawwassen Terminal)，經過95分鐘航行，渡輪在溫哥華島的史瓦茲灣(Swartz Bay)入港。下船後，搭乘維多利亞地區公車(www.bctransit.com)70X或72路進維多利亞市區；或81路到布查特花園，再從布查特花園搭75路到市區

卑詩省議會大樓
🌐 www.leg.bc.ca
✉ Belleville St & Government St, Victoria
🔵 步行

皇家卑詩博物館
🌐 www.royalbcmuseum.bc.ca

卑詩省議會大樓、帝后旅館周邊
(Parliament Buildings、Empress Hotel)
充滿老城歷史風情

卑詩省議會大樓、帝后旅館建築，透露19與20世紀之交的典雅莊重；帝后旅館前停靠的紅色雙層巴士、酒店著名的下午茶都說明與英國的淵源，據說1919年，英國王子愛德華曾在旅館大廳終宵跳舞到天明。

原住民與土地的連繫，同時也展現在省議會大樓與帝后旅館間。皇家卑詩博物館(Royal BC Museum)及室外雷鳥公園(Thunderbird Park)的圖騰柱敘述原住民故事。沿著帝后旅館前的政府路(Government St)北行，一路都

能讀到維多利亞老城歷史。

棱堡廣場(Bastion Square)曾經是維多利亞商站中心，市場廣場(Market Square)南面在19世紀中葉淘金熱時期，曾經是上千白人移民生活重心；廣場北面則是早期華人移民聚集的中國城，狹窄的番攤里(Fan Tan Alley)巷弄裡曾經充斥麻將、骨牌的聲音，中國城生產的鴉片也曾經是卑詩省的大生意。

▲ 雙層觀光巴士

▲ 卑詩省議會

▲ 帝后旅館

▲ 中國城

內港(Inner Harbour)
漫步繁花裝飾的內港步道

維多利亞位於溫哥華島南端，三面環水，面臨內港的市中心便是觀光重點區。漫步繁花裝飾的內港步道，總能遇見多采多姿的街頭藝人。

內港
🖂 維多利亞市內港，由Belle-ville St、Wharf St及John-son St環繞

克雷達羅城堡
- http www.thecastle.ca
- ✉ 1050 Joan Crescent, Victoria
- ➡ 步行。從內港取道Government St或Douglas St北向，遇Fort St右轉，再轉入Joan Crescent，大約25分鐘。或在Douglas St & Fort St交會口搭乘11、14、15、22號公車

克雷達羅城堡(Craigdarroch Castle)
維多利亞式的大亨城堡

維多利亞還有一頁煤礦大亨的發跡史留在克雷達羅城堡。在政府路或Douglas St與城堡路(Fort St)交口，沿城堡路東行，鄧斯繆爾(Robert Dunsmuir)於1887年興建的城堡占據小山頭。鄧斯繆爾以煤礦及土地發跡，4層半樓的維多利亞風格建築，裡裡外外都顯現家族財富。

布查特花園
- http www.butchartgardens.com
- ✉ 800 Benvenuto Avenue, Brentwood Bay
- ➡ 從史瓦茲灣渡輪碼頭可搭乘81號公車；從維多利亞內港可搭乘75號公車

布查特花園(Butchart Gardens)
世界著名的人氣花園

維多利亞也是著名的花園城市。每年2月最後一週，居民就開始計算春花的數目；3月，內港附近的比肯希爾公園(Beacon Hill Park)坡地便為水仙覆蓋；維多利亞西北邊的布查特花園，每年更吸引數百萬遊客。

1904年由採石場墳土構建的窪地花園，原是布查特夫人私人的愛好，隨著家庭旅遊行蹤，陸續發展日本、義大利庭園和花香撲鼻的玫瑰園，並開放參觀。春夏之間，百萬叢花總將花園編織成錦繡大地，盛夏夜的焰火更點綴夜空；絢麗秋色凋零之後，布查特花園裝飾滿樹燈火迎接冬天。

溫哥華周邊景點
溫哥華島 Vancouver Island

四面靠海,森林資源豐富

溫哥華島面積略小於台灣,島中央山脈縱貫,四面靠海,88%土地都為森林覆蓋,面向太平洋的西海岸,溫帶雨林尤其濃密。全島居民約半數集中於維多利亞都會區。多數遊客會在溫哥華島停留一天或兩天一夜(詳見行程規畫第6、7天行程P.100)。

➔**自駕/路線1**:維多利亞(P.126)→菲斯嘉燈塔(P.129)→艾斯奎莫潟湖(P.130)→黃金溪公園(P.149)→鄧肯(P.159)→夏美那斯(P.131)→那奈摩

開車串接景點的方法:從維多利亞取道1號高速路西向,出1A南下,左轉Ocean Blvd,菲斯嘉燈塔在左手邊;續行Ocean Blvd過橋,艾斯奎莫潟湖就在右手邊。

Ocean Blvd右轉Lagoon Rd,遇Metchosin Rd再右轉,遇Sooke Rd左轉,Veterans Memorial Pkwy右轉北向,即可回到1號高速路。回到高速路後西北向,從Finlayson Arm Road轉黃金溪省立公園。

出公園續行1號高速路約43公里,依指標進入鄧肯市(Duncan)中心。原路出鄧肯市回到1號高速路,北行20公里抵達夏美那斯(Chemainus),依指標往訪壁畫。

回到1號高速路繼續北行32公里即可到達那奈摩(不過,1號高速路在接上19號高速路後消失,19號高速路穿過那奈摩。卑詩渡輪碼頭Duke Point在那奈摩之前即又出,Departure Bay在那奈摩市北邊,都有標示方向。從那奈摩可搭渡輪回到溫哥華或西溫哥華)。

➔**自駕/路線2**:那奈摩→太平洋沿岸國家公園(P.132)

開車串接景點的方法:取道19號高速路西北行,轉4A,接上4號高速路到終點城鎮托菲諾(Tofino)。

菲斯嘉燈塔(Fisgard Lighthouse)
國家歷史古蹟

菲斯嘉燈塔

菲斯嘉燈塔建於1860年,目的在引導進入艾斯奎莫港海軍基地的英國船艦,1958年被列入國家歷史古蹟。燈塔1950年代才建成通道與陸地連接,目前已不需要守衛,守衛的住所開放參觀。

艾斯奎莫潟湖
➡見P.129

艾斯奎莫潟湖(Esquimalt Lagoon)
水鳥的食堂遊樂園

從艾斯奎莫潟湖邊就能眺望燈塔，但是潟湖邊更吸引人的是大群的水鳥及鴨雁，海鷗表演更令人著迷。不知道誰教的，在潟湖討生活的海鷗，曉得從水裡銜起蚌殼，展翅高飛，將蚌殼摔落在石灘，然後從蚌殼裂縫中取食。黑蠣鷸(Oyster Catcher)用鮮橘紅色的長喙啄牡蠣，卻將就吃著蚌殼，不似海鷗忙碌；加拿大雁理直氣壯地成群在水域優游，綠頭鴨、尖尾鴨、葡萄胸鴨熙來攘往，蒼鷺摒息靜立，不知在看熱鬧還是怕驚動小魚？

1.天鵝／2.水鳥／3.海鷗／4.尖尾鴨／5.黑蠣鷸／6.葡萄胸鴨

黃金溪省立公園
➡見P.129

圖騰小鎮鄧肯
➡見P.159

黃金溪省立公園
(Goldstream Provincial Park)
觀賞狗鮭洄游

黃金溪公園以清澈的溪流及濃密雨林吸引遊客；10月底～12月初鮭魚回游，不但引來人潮也招徠吃鮭魚的白頭鷹(詳細介紹請參閱主題之旅：鮭魚回家P.144)。

圖騰小鎮鄧肯(Duncan)
探訪800歲高齡樹幹雕刻的圖騰柱

詳細介紹請參閱：主題之旅：圖騰柱說故事P.150。

夏美那斯(Chemainus)
世界最大的室外畫廊

夏美那斯
➡見P.129

夏美那斯面積4平方公里，居民不及4,000人，伐木及鋸木場是居民主要生活來源，一直到1980年代初，木業不景氣才發生變化。為另謀出路，小鎮利用城鎮振興基金，在建築外牆上畫了5幅壁畫，獲得城市振興獎，聲名逐漸傳播。目前壁畫已達41幅，號稱世界最大的室外畫廊，每年吸引40萬觀光客。

夏美那斯壁畫敘述小鎮歷史，木業仍是主軸，令人驚奇的是，華人也占了夏美那斯史頁篇幅。41幅壁畫中，3幅與華人有關，一是雜貨店(No. 33)，一是洗衣店兼雜貨店(No. 4)，另外一幅是23名華工正用力拖運厚大木板要送往碼頭(No. 16)，這群華工被稱作「牛黨」(Bull Gang)，描繪的是1884年場景。

鴻興(Hong Hing)洗衣店兼雜貨店於1915～1950年在夏美那斯營業，是最早的5幅壁畫之一，由維多利亞畫家繪畫。三裕記(Sam Yick Kee)雜貨店壁畫於1996年完成，畫家是定居溫哥華的中國移民程樹人。三裕記壁畫以「華裔男孩的回憶」(Memories of A Chinese Boy)為題，透過少東張寧(Ning Chang)的童年記憶，描繪華人以雜貨店為活動中心的生活。張寧於1913年出生，是第一位生於夏美那斯的華裔。

從夏美那斯北行進入那奈摩(Nanaimo)，可搭乘渡輪返回溫哥華。或前往太平洋沿岸國家公園。

1.華工合力將木材拖向碼頭／**2.**三裕記壁畫畫出華裔男孩記憶中的社區華人生活

太平洋沿岸國家公園

太平洋沿岸國家公園
(Pacific Rim National Park)
雨林遇見沙灘、海灣與浪花

www.pc.gc.ca

$ $10.50(18～64歲)，$9
(65歲以上)，$21(同車
最多7人)，17歲以下免
費。Discovery Pass適用

無門禁

見P.129

太平洋沿岸國家公園保留區位於溫哥華島西南方，由長灘(Long Beach)、西海岸步道(West Coast Trail)及散組群島(Broken Group Islands)三部分組成，總面積511平方公里。其中以長灘可從事的旅遊活動最多，也吸引最多遊客。公園每年3月中旬～10月中旬開放。

長灘主要是指優庫勒特(Ucluelet)到托菲諾這塊濱臨太平洋的狹長區域。整個海灘呈雙新月形，大部分是沙灘，地勢平緩，沙質純淨，夏天是加拿大西岸最熱門的衝浪區，冬季則以觀賞海岸暴風雨知名。

若趕巧遇上退潮，散落海灘的岩石，就成為潮間帶生態觀察站。最常見鵝頸藤壺、笠藤壺緊緊附著礁岩，岩石是牠們選定終生的家，如果沒有外力干擾，藤壺的一生就在礁岩上終結。聚合海葵(Aggregate anemone)靠著自體分裂成群盤踞一方；綠海葵看似植物，其實是肉食動物，有毒且帶倒鉤的觸手，能禦敵也能捕食，綠色來自附著的綠藻，據說綠海葵可以存活30歲。

1,2.海葵的綠色來自附著的綠藻 / **3.**藤壺一生都在礁石上度過

玩樂篇

沿著木板步道深入原始溫帶雨林

原始溫帶雨林（Temperate Rainforest）與沼澤區緊鄰海岸。年平均3,200毫米的降雨量，營造溫帶雨林生長環境，幾百年樹齡的鐵杉（Hemlock）、雲杉（Spruce）、喬柏（Cedar）樹圍粗壯，高聳插天，滿身披掛著苔蘚，景觀獨特。國家公園局設置了木板步道（Boardwalk Trail）與說明牌，旅客得以深入雨林，近距離觀賞野生動植物，瞭解生態的演進循環與生生不息。

托菲諾(Tofino)海洋活動大本營

托菲諾位於長灘最北端，為克雷優庫峽灣（Clayoquot Sound）環繞，區域內豐富的多樣性生物與綺麗景觀是聯合國教科文組織（UNESCO）指定的生物圈保留區（Biosphere Reserve）。綿延的海岸線、錯綜的峽灣、島嶼、湖澤與原始森林，造就托菲諾成為衝浪、賞鯨、觀熊、賞鳥、划舟、海釣的大本營。

最具挑戰性的西海岸步道(West Coast Trail)

西海岸步道原為搶救海難船員闢建，近年改建成旅遊的步道。步道由班菲德（Bamfield）附近起始，沿途路段崎嶇難行，要涉湍流、攀陡梯、走窄橋、越深谷，經瀑布，穿越雨林，以倫芙瑞港（Port Renfrew）為終點。全長75公里，旅程5～7天，旺季行走步道還需要預約。不過多數旅客傾向由倫芙瑞港出發，先走比較困難的旅程。倫芙瑞港在14號高速路終點。

散組群島是潛水者的最愛

散組群島由散布在巴克力峽灣（Barkley Sound）的上百小島組成，許多沉船與豐富的海中生物成為潛水者的最愛。海上划舟（Kayaking）也是此地熱門活動，教學與租用器材一應俱全，稱得上世界級場地；但是島嶼羅列，水道複雜，縱然老手也甚具挑戰性。

温哥華周邊景點
歐墾那根谷 Okanagan Valley

賞花、採果、品酒

➡ **自駕**：歐墾那根谷有上百家的酒莊，基隆那(Kelowna)與西基隆那(West Kelowna)位置居中，比較方便參觀。

從洛磯山回程，取道1號西行，在Sicamous轉97A高速路西南行，於佛農(Vernon)以北10公里處，97A變成97；沿97號高速路南下，即可抵基隆那。續行97號路(在基隆那市區稱Harvey Ave)左轉Pandosy St南行，路名會變成Lakeshore Rd，左轉Chute Lake Rd可達夏丘金字塔酒莊(Summerhill Pyramid Winery)。

回到97號高速路西行，跨過歐墾那根湖(Okanagan Lake)後即是西基隆那。出Boucherie Rd南下，右轉Mission Hill Rd，可達Mission Hill Family Estate。沿Boucherie Rd再往南行，右轉Gellatly Rd可接回97號高速路，換97C到Merritt，轉5號高速路南下，在Hope接1號高速路西行可回温哥華。

墾那根谷在卑詩省南部，北從鮭魚灣(Salmon Arm)南到美加邊境的歐索尤斯(Osoyoos)，縱貫210公里。谷地面積20,829平方公里，多圍繞歐墾那根湖及歐墾那根河流域。

歐墾那根湖水怪傳説

湖中住有水怪的傳説，為歐墾那根湖增添神祕色彩，但是休閒活動仍然在湖中展開。谷地人口不到30萬，其中基隆那市居民最多；基隆那市也是谷地氣溫的分界點，往南偏向較乾燥的沙漠氣候，往北漸見林木。

卑詩省的水果籃

歐墾那根谷是卑詩省的水果籃，每年4月中旬，杏、櫻桃、桃、梨、李及蘋果陸續開花，鋪天蓋地的花海，在7月後次第變成垂掛滿枝的果實。櫻桃最先成熟，不少果園開放採摘(U-Pick)，在園子裡一面品嘗一面摘果，分享農家收成的豐碩；而低垂的枝條孩童都能觸及，因此果園成為季節性全家出遊的熱點，也吸引一車車巴士載來的過客。

秋季駕車沿著97號高速路行走，蘋果園不時出現路旁。果樹結實纍纍，彷若掛滿紅色燈泡的聖誕樹，園間工人忙著採收，背袋滿了匯集到木箱，滿箱滿箱蘋果是誘人的秋色。蘋果品種多，採收季一直延續到10月下旬；而在深秋清晨行經果園，露水必定浸濕鞋襪，蘋果的紅卻更加出色。

開花與收成季節

果名	開花	收成
杏(Apricots)	4/10～4/25	7/20～8/10
櫻桃(Cherris)	4/20～5/7	7/1～8/15
桃(Peaches)	4/20～5/2	7/25～9/1
梨(Pears)	4/25～5/10	8/25～9/30
西梅(Prunes)	4/28～5/10	8/15～9/10
李(Plums)	4/28～5/10	8/15～9/10
蘋果(Apples)	5/5～5/20	8/15～10/30

夏丘金字塔、**Mission Hill Family Estate**
歐墾那根谷生產冰酒的酒莊

歐墾那根谷也是卑詩省的酒鄉，逾百家酒莊散落谷地，其中數家生產冰酒，包括夏丘金字塔、Mission Hill Family Estate；最早生產冰酒的Inniskillin Okanagan Vineyards酒莊則在接近美加邊界的Oliver。

雖然19世紀中葉就有傳教士在歐墾那根谷種植葡萄，但谷地葡萄園和釀酒業到1980年代才逐漸起飛，成為加拿大西岸主要葡萄酒產地，自德國引進的冰酒釀製技術，也因水土氣候合宜得以發揮；此外，因為谷地也是水果產地，有些酒莊以水果酒為特產招徠。

夏丘金字塔、**Mission Hill Family Estate**

- (http) www.summerhill.bc.ca
  www.missionhillwinery.com
- ✉ **夏丘金字塔**：4870 Chute Lake Road, Kelowna
- ✉ **Mission Hill Family Estate**：1730 Mission Hill Road, West kelowna
- ◷ 開放參觀及品酒時間因季節而異，詳情可查詢網址
- $ 酒莊導覽價格因內容而異，詳情可查詢上列網址

| 加拿大液體黃金：冰酒 |

玩家充電站

種植釀製冰酒的葡萄，酒農要冒更多風險。由於葡萄必須於正常收成季節後留在藤上等待低溫冷凍，遇到風雨都容易折損或生黴腐爛，也要防止鳥獸偷吃。酒農還有个能及時收成的風險，一旦氣溫降至攝氏零下8度，葡萄必須立即手工收成並榨汁，酒農無法準確把握適當溫度發生時間，因而無法事先儲備工人，可能措手不及。

加拿大冰酒原料多使用美、法雜交的Vidal葡萄品種，Vidal果味香濃、酸度適中，皮厚不易感染黴菌，又較能耐延遲收成；部分使用口感較酸的Riesling葡萄釀製。由於葡萄冰凍後所能壓榨的果汁少，3.5公斤Riesling或3公斤Vidal葡萄才能釀造一瓶375毫升的冰酒，加以酒農風險大，國際市場供不應求，因而冰酒價格比一般葡萄酒昂貴數倍。

其實，大部分葡萄成熟及釀酒的季節在秋天，多數酒莊卻全年提供解說(Tours)及品酒(Tasting)，夏天最忙。有些解說要付費或預約，有些免費但有固定解說時間；品酒則有免費與付費。

細節查詢：www.okanaganwines.ca

溫哥華周邊景點
坎路普斯 Kamloops

下田挖參趣

➡ 卑詩省參農會：
www.bcginseng.com
金參西洋參廠：
www.majesticginseng
products.com
參田位置並無恆定，
可至上述網址查詢

30年前，走出坎路普斯市區，1號高速路邊就能看到黑網覆蓋的田地，網下生長的正是西洋參。而今路過，黑網消失了，種過參的土地地力不足，至少要等10年才能再種，但是坎路普斯仍然是加拿大西岸西洋參主要產地，並且發展出自助挖參和參觀西洋參工廠的特殊旅遊項目。

西洋參收成故事

　　卑詩省大部分人工栽培的西洋參都在第四年收成。收穫選擇在秋天，先採集變成紅色的種籽，然後任由地上枝葉逐漸凋零。10月開始挖參，工人會先以機器將田埂上枯黃的殘枝敗葉剷去，挖參車隨後翻土，人參就與土石一同滾落。雖然使用機器挖掘，掉落田埂的人參，還得靠工人撿拾。

　　收成的人參運到工廠後，先放在桶裡不斷攪拌沖洗去塵土，然後人工分級。A級以新鮮人參出口，必須通過檢疫，因此洗過澡的人參還要小心檢查，不能帶有絲毫土壤，處理過後才風乾包裝；B級同樣洗淨、風乾，然後送進烤箱，在攝氏35～42度溫度下烘烤3週，出爐時重量只剩生鮮時的一半到三分之一。

玩家充電站

玩樂篇

造訪參廠體驗挖參

　　卑詩省參農由於一窩蜂種植，參價賤到不敷成本，多數參農不再種植，目前坎路普斯僅有數家，其中卑詩省參農協會屬下的金參西洋參廠有開放參觀，趕巧可以目睹洗參及分級過程，也有機會下田挖參。

收成步驟

▲ 參株枯萎

▲ 鏟車翻土

▲ 滿載送廠處理

▲ 人工撿拾

▲ 人參出土

洗參步驟

▲ 將參倒入清洗水槽

▲ 人工配合機器攪拌翻洗

▲ 初步風乾後，A級參打包出售，其餘送烤箱乾燥

▲ 二度挑撿除去殘餘土壤

▲ 人工挑撿去蕪存菁

溫哥華周邊景點
惠斯勒 Whistler
與西瓜雪不期而遇

●**自駕**：從溫哥華取道99號公路(Sea to Sky Highway)北行125公里，即抵達Whistler Village。

巴士：往返惠斯勒班車請參考P.56長途巴士。灰狗巴士也有從溫哥華到惠斯勒班車，網上購票最經濟，查詢網址www.greyhound.ca。

很久以前就聽說「西瓜雪」(Watermelon Snow)，雪的顏色像潑灑了西瓜汁。我在美國阿拉斯加(Alaska)和加拿大洛磯山雪地尋覓多年，都沒找到西瓜雪，2013年7月中旬，意外在惠斯勒山頂與西瓜雪不期而遇。

西元前4世紀，希臘哲學家亞里斯多德曾經提到紅色的雪，但直到19世紀初，科學家才從採樣中發現，含有蝦青素的綠藻(又稱雪藻)，在雪地經過紫外線輻射後，細胞內蝦青素增加，呈現帶狀或塊狀深淺不一的紅色，即是西瓜雪，最常見於夏季的高山雪地。

首屈一指的滑雪勝地

惠斯勒是北美洲首屈一指的滑雪勝地，2010年成為冬季奧運場址，7月中仍然有人利用未融的雪地滑雪。我發現西瓜雪的黑梳山(Blackcomb Mountain)海拔2,440公尺，峰頂日照強烈，正符合醞釀西瓜雪的條件。

雙峰纜車，連接黑梳山與惠斯勒山

黑梳山與惠斯勒山（Whistler Mountain）相鄰，由全長4.4公里的雙峰纜車（Peak 2 Peak Gondola）連接。纜車於2008年開通，最高處距離地面436公尺，沒有塔台支撐而懸空的鋼索長度達到3.024公里，都是世界紀錄。

惠斯勒景觀主角是兩座大山，遊客就在長短高低不等的纜車及升降椅間穿梭，11月～5月滑雪，夏季扛著單車上山再呼嘯而下，或登頂觀賞高山美景。

搭三次纜車登惠斯勒山頂

而想搭乘歷時11分鐘的雙峰纜車，必須先乘纜車登山。從惠斯勒村（Whistler Village）到海拔1,850公尺的惠斯勒山雙峰纜車站，大約用時35分鐘，雖然眼前盡是湖光山色，纜車緩緩爬升，讓人覺得長路漫漫。出了纜車，奧運5環標誌最先展現眼前，舉目更見雪山冰川，腳下野花遮蔽貧瘠土地，風卻毫無遮攔地放肆。這還不是惠斯勒山頂峰，換乘登峰快線（Peak Express）才能上達海拔2,182公尺的山頂觀景台。

好玩的戶外活動盡在惠斯勒

大山卻還不能囊括惠斯勒所有活動，畢竟惠斯勒是加拿大第一處度假城市（Resort Municipality），度假區能想到的活動，譬如夏季泛舟、溜索（Ziplining）、蹦極彈跳（Bungee Jumping）、騎馬、垂釣、高爾夫球，冬季滑雪、溜冰、雪車、狗拉雪橇等，應有盡有；而惠斯勒村裡，餐廳、酒吧、市場、商店，城市的生活機能也完備。

海天高速路，蜿蜒著動人的景觀

1.夏季山坡成為充滿挑戰的高山自行車衝刺場地／2.海天高速路美景／3.杜飛湖／4.香儂瀑布／5.耐恩瀑布

海天高速路（Sea-to-Sky Highway）又稱99號高速路，從溫哥華北行，到接上1號高速路約290公里，道路蜿蜒間散布著海灣、冰川、山林、溪流、湖泊、瀑布，秋色尤其動人。其中從溫哥華到惠斯勒125公里的路程，只要1.5～2小時。

玩樂篇

駕車公路兜風

加拿大橫貫公路

世界最長的高速公路之一，
從溫哥華到洛磯山的主要道路

從維多利亞內港取道道格拉斯街(Douglas St.)，沿比肯希爾公園西緣向南走到底，即可見到「0公里」(Mile 0)標示碑，這裡便是加拿大橫貫公路(Trans-Canada Highway，在西部4省也稱1號高速路)起點。

加拿大橫貫公路橫貫加拿大10省，從太平洋濱的維多利亞市，通達位於大西洋中紐芬蘭＆拉布拉多省(Newfoundland & Labrado)的聖約翰(St. John's)，全長8,030公里，是世界最長的高速公路之一。

玩家充電站

| 最後一根枕釘背後的華工奇蹟 |

「這是美夢成真！鐵路橫貫加拿大，從海洋到海洋。追隨早期探險者的足跡，鐵路走過草原，穿過高山，蜿蜒峽谷，跨越溪橋，連綿3,000哩。就在此地，一支普通鐵釘，接合東西。」位於克雷吉力奇(Craigellachi)的標示牌這樣寫的。1885年加拿大太平洋鐵路公司總裁唐納史密斯(Donald Smith)在鐵軌旁敲下一支枕釘，象徵鐵路連接起加拿大東西兩岸。

最後一支枕釘敲定儀式，雖見不到一張華人面孔，事實上，華人是興建橫貫鐵路的主力，並且全程參與。1880年鐵路興建之初，卑詩省人口僅3萬，修築鐵路就需要數千人工。包商先招募到舊金山淘金後留下的華人加入鐵路工人行列，後來直接從中國進口人工，曾達8,000多人。面對當時反華情緒，麥唐納總理清楚表明：「接納這些華工，否則沒有鐵路。」

據歷史記載，當時白人有屋住、有熱食，華工卻睡帳篷，以醃漬的鮭魚鬆佐餐。但是2,000名華工可以在24小時內拔營，跋涉25英里，然後再紮營；這樣的過程，白人需要一週才能完成。

飛鷹隘口
● 從坎路普斯(Kamloops)
取道加拿大橫貫公路(1號
高速路)東行167公里即抵
達克雷吉力奇(Craigella-
chi)。續行44公里到灰熊
鎮(Revelstoke)

羅傑斯隘口
● 從灰熊鎮(Revelstoke)取
道加拿大橫貫公路(1號高
速路)東行69公里即抵達
羅傑斯隘口

1.1962年加拿大橫貫公路通
車紀念拱 / 2.雪棚可以防止
雪崩阻路 / 3.隘口周圍的高
山冰雪美景

飛鷹隘口(Eagle Pass)
史詩般的鐵路工程完工處

從溫哥華開車到加拿大洛磯山,加拿大橫貫公路是主要道路,沿途會經過飛鷹隘口、羅傑斯隘口及踢馬隘口。加拿大橫貫鐵路就在飛鷹隘口敲下最後一根枕釘,宣告完工。羅傑斯隘口有興建鐵路克服雪崩的故事,踢馬隘口(Kicking Horse Pass)海拔1,627公尺,是分水嶺、卑詩與亞伯達省省界,也是橫貫公路的最高點。

羅傑斯隘口(Rogers Pass)
克服雪崩興建鐵路的故事

1881年,鐵路工程師羅傑斯(Albert Rogers)受命探勘橫貫加拿大鐵路路線,成功登上高山隘口,隘口因而以羅傑斯命名。鐵路完工後,羅傑斯隘口每年平均9公尺積雪及雪崩頻繁的狀況並沒有改善,縱使在隘口附近搭建31處雪棚(Snowsheds),還是無法完全克服天災。1913年,鐵路公司投降了,另闢隧道將鐵路改道,解決運行障礙。

由於鐵路改道,營運中心移到黃金鎮(Golden),羅傑斯隘口因此沉寂,直到1962年加拿大橫貫公路通過,隘口周圍的美景才又重新展現。隘口位於冰川國家公園(Glacier NP)中心,設置訪客資訊中心,四周群山環繞,終年積雪。沿途有幾處短程步道,自西向東為黃花水芭蕉步道(Skunk Cabbage Trail)、喬柏步道(Giant Cedars Trail)及鐵杉步道(Hemlock Trail)。

天空草地景觀道路(Meadows in the Sky Parkway)
沿途及山頂步道野花遍布

天空草地是一塊山頂的平台,海拔逾2千公尺。6月底～7月下旬驅車上山,道路兩旁點綴著野花,彩筆、魯冰花、野百合、野菊花一路相隨。抵達山頂後,未融的冰雪使空氣更冷冽,步道間,冰川百合(Glacier Lily)卻用鮮黃花色帶來絲絲暖意,粉色及白色石楠(Heather)就在貧瘠的石礫間欣欣向榮;姍姍來遲的春天美人(Springbeauty)似乎不知道已是夏季,努力展現嬌容。

天空草地景觀道路
➡ 就在灰熊鎮門口,又出1號高速路的天空草地景觀道路,盤旋上山25公里

1.天空草地步道 / **2.**魯冰花 / **3.**春天美人

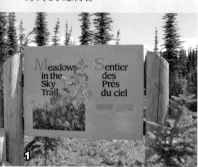

踢馬隘口(Kicking Horse Pass)
開闢螺旋隧道解除大山崗的惡夢

踢馬隘口海拔1,627公尺,是分水嶺、卑詩與亞伯達省省界,也是橫貫公路的最高點。

根據加拿大政府與太平洋鐵路公司協議,鐵路坡度不得超過2.2%,但踢馬隘口坡度兩倍於規定標準。太平洋鐵路公司為節省時間也欠缺經費,請求政府通融准許鋪設鐵路用作「暫時」道路獲准,造就了聲名狼籍的大山崗(The Big Hill)。據說,工程車第一次下山就直衝峽谷,3人當場喪生。火車上坡也不容易,15節車廂需要4個火車頭拖,後面再加車頭推,時速僅5公里,蒸氣車頭偶爾還因不勝負荷爆炸。

「暫時」權宜一幌25年,1909年,鐵路公司終於於奧格登山(Mount Ogden)及教堂山(Cathedral Mountain)開闢螺旋隧道(Spiral Tunnel),將鐵軌拉長7公里,旋轉繞山減低坡度,才解除大山崗的惡夢。從1號公路旁觀景點,可以讀到這段波折,也有機會看到火車頭從上層出洞,火車尾還露在下層隧洞外的景況。

踢馬隘口
➡ 羅傑斯隘口東行25公里,從太平洋時區進入山區時區,時間撥快1小時。續行54公里到黃金鎮(Golden),多數從溫哥華出發的巴士團夜宿黃金鎮。從黃金鎮東行73公里抵達踢馬隘口(Kicking Horse Pass)大山崗(The Big Hill)

主題之旅
鮭魚回家
令人感動的返鄉之旅

秋初，故鄉的召喚聲越來越清晰，經過數年湖河江海漂泊，鮭魚(Salmon)知道，回家的時刻到了。北從阿拉斯加灣(Gulf of Alaska)，南到北加州沙加緬度河(Sacramento River)，鮭魚開始逆流而上，去赴秋天的生命約會。就在出生的地方，牠們要繁衍新生命；在同一地方，牠們也將結束生命。

鮭魚返鄉是自然界的傳奇，鮭魚父母將受精卵埋在溪流的砂石洞裡後，便成為食物鏈一環，永遠從溪流裡消失，沒有人教導新生命如何在江湖溪流中生存，如何進入大海，並在相當時候回到故鄉傳續後代；科學家只能說，鮭魚在基因裡就種下故鄉的地圖，地圖的磁場與故鄉呼應，而接近故鄉溪流時，鮭魚的嗅覺變得敏銳，牠們能嗅出故鄉的氣味。

4千個卵中只有2尾能回鄉繁殖

從魚卵開始，紅鮭就一直掙扎在死亡邊緣，並不是每個卵都成功受精，而從洞穴流失的受精卵也成為彩虹鱒(Rainbow Trout)或其他動物的美食，4,000個卵大約只能長成800尾幼魚，只有200尾小魚能存活到入海。在海洋中，鮭魚雖有更多食物及更大空間，但也面臨更大挑戰，不但要逃過虎鯨、海狗的獵殺，還要倖免於漁人追捕，大概只有10尾3公斤左右的成魚得以返鄉；而在返鄉途中，8尾成魚逃不過魚網，最終只剩2尾回到卑詩省的亞當斯河(Adams River)繁殖。

鮭魚入海後確實行蹤不明，猜測大抵是成群向北及西北行，經過阿拉斯加灣、阿留申群島(Aleutian Islands)後，再轉向東南迴游。一旦從海洋進入菲沙河，紅鮭開始禁食，一路消耗經年儲備的脂肪和蛋白質，每天平均溯河而上29公里，18天才回到出生地。

生命與死亡交錯，紅鮭的生命之旅

接近鄉關時，公魚銀色流線型的表皮變厚、變紅，身體變寬，頭變綠，背隆起，一張大嘴更露出尖銳的長牙，已準備好吸引異性並爭奪授精權的戰鬥；母鮭魚身體也轉成紅色，腹部逐漸膨脹，數千魚卵蓄勢待發。

鮭魚產卵授精後，最多再存活兩週。死魚會沉落河底，被沖到岸邊或是隨波逐流。魚屍留存少量脂肪和蛋白質，成為昆蟲、鳥類、菌類和其他小魚的大餐；魚屍解體後也供養蘊育植物的河湖，使得小鮭魚在次年春天孵化後不愁食物。就在出生地，生命與死亡交錯，紅鮭圓滿了牠們的生命之旅。

| 加拿大鮭魚種類 |

在淡水中出生,海洋裡成長,又逆流而上回到淡水繁殖的魚類,學名稱作「洄游魚類」(Anadromous),鮭魚便是主要成員;鐵頭鱒魚(Steelhead Trout)及割喉鱒魚(Cutthroat Trout)也有鮭魚特質,也被納入洄游魚類。

雖然出自同一家族,太平洋沿岸5種鮭魚卻大小不一,各有特性。

狗鮭(Chum)的身長、體重僅次於大王鮭,在太平洋岸分布最廣,俄國人稱為「狗鮭」(Keta),也許因為牠逆流而上時形貌改變似狗;也有一說是原住民以狗鮭肉乾餵養拉雪橇的狗。狗鮭生命周期3~5年,多數狗鮭出生後立即入海,但在海中巡游不遠,2~3年即回流,並在海河交流處生殖。

銀鮭(Coho)尺寸、重量小於大王鮭及狗鮭,產量僅多於大王鮭,卻是釣客最大的挑戰,因為釣Coho最用力,漁獲的希望也最易破滅。Coho出水時銀光閃閃,因而被稱作「銀鮭」(Silver Salmon)。銀鮭生命周期3年。出生後一年,銀鮭多流連於淡水小河裡,然後才入海。

狗鮭

銀鮭

紅鮭

紅鮭(Sockeye)肉質最鮮美,卑詩省原住民稱作「魚中魚」;奧勒岡(Oregon)人因魚初入河時背部泛藍而稱牠為「藍背」;在阿拉斯加及卑詩省,Sockeye回家繁殖時全身轉紅,被稱作「紅鮭」(Red Salmon)。

粉紅鮭

粉紅鮭(Pink)因背部隆起,俗稱「駝背鮭」(Humpback Salmon),產量最多,生命周期卻最短暫,僅有兩年。駝背鮭出生後立即下海,次年即回流繁殖,兩年的生命循環,使奇數及偶數年出生的鮭魚,分別守著奇數及偶數年回家的傳統;而一循環魚多,下次循環必定魚少,這種交替也像生命中已註定,很少例外。

大王鮭

大王鮭(Chinook)尺寸最大,長度可逾60吋,重量可超過100磅,由於個頭大,也被稱作「大王鮭」(King Salmon);印地安原住民以Tyee稱呼大王鮭,意即「碩大」(通常指13.5公斤以上大王鮭)。卑詩省(British Columbia)的大王鮭春末即洄游,因而被稱作「春鮭」(Spring);目前捕獲大王鮭的紀錄是57公斤。大王鮭生命周期3~7年,多數在4~5歲時返鄉繁衍。

解析紅鮭生命歷程

紅鮭生命周期4～5年，出生後在湖中生長一年即順溪流入海，在海中成長2～3年洄游返鄉繁殖。卑詩省出產最多紅鮭，每年秋天，紅鮭便沿菲沙河（Fraser River）逆水上游，在內陸溪流繁殖，其中亞當斯河（Adams River）每4年即有一次紅鮭洄游高潮。亞當斯河是紅鮭的家鄉，紅鮭的生命之旅，在鮭魚中最具戲劇性。返鄉繁殖的紅鮭，立意在生命結束前營造新生命，淙淙水流聲中騷動此起彼落，不時濺起的白浪間是母魚臨盆的產房，是公魚廝殺的戰場，數百萬尾紅鮭將河水染紅，成為自然界奇觀。

鮭魚協會（Salmon Society）配合紅鮭回鄉高潮，每4年舉辦「向紅鮭致敬」（Salute to Sockeye）慶祝會，地點在海格．布朗省立公園（Roderick Haig-Brown Provincial Park）。

1.亞當斯河每4年即有一次紅鮭洄游高潮／2.數百萬尾紅鮭將河水染紅／3.公母魚會成雙成對互相依靠

STEP 1 擇地

紅鮭生命之旅由產卵開始。鮭魚產卵多選擇砂石河床，河水深淺能淹蓋魚背，水流強度恰巧能流過魚卵供氧。選定地點後，母魚會擺平身體，以尾巴用力在砂石裡掘洞，一次移去一些砂石，直到大約25公分深的洞穴（Redd）搞定。

STEP 2 求偶

母魚掘洞同時，公魚求偶儀式也開展。公母魚會成雙成對互相依靠，公魚不時抖動身體用魚鰭撫摸對象，並游過母魚背部送出求偶訊息，這種做愛方式，可能持續幾分鐘或幾小時，直到產卵的洞完成。

玩樂篇

STEP 3 　產卵

　　母魚開始產卵時，公魚會隨侍在側立即射精，卵經過雲狀精液即成受精卵沉落洞裡。母魚一次產卵上千，每個卵只需要一個精子，但因水流快，公魚一次多釋放上百萬精子，並與母魚蜷縮在洞裡，以免精液隨水流失，耽誤大事。

STEP 4 　護卵

　　公魚一面射精，一面還要攻擊徘徊附近蠢蠢欲動的其他公魚。自求偶開始，公魚就展開配偶爭奪戰，不過戰鬥多是虛張聲勢，流竄打游擊的公魚不時掀起水浪，卻不見短兵相接的肉搏。倒是母魚，為保護辛苦挖掘的洞及新產的卵，只要見到其他母魚接近地盤，必定奮起做殊死戰。受精卵埋藏妥當後，公母魚會繼續溯溪而上另覓地點再產卵授精，母魚平均產卵4,000個，分別埋在幾處洞穴。

1.流竄打游擊的公魚不時掀起水浪／2.還未完成繁殖任務就陣亡的母鮭魚

STEP 5 　孵化

　　受精卵先看到眼睛(Eyed Egg)，大約在2月即孵化成大頭針大小、肚子下帶著蛋黃的魚苗(Alevins)。魚苗已長成在水中生活的呼吸器官，但數週內仍停留洞裡，靠蛋黃供應養分，直到3、4月中，蛋黃耗盡，2.5公分的幼魚(Fry)才游出洞穴，進入蘇斯瓦普湖(Shuswap Lake)覓食。幼魚將逗留在蘇斯瓦普湖1年左右，次年春大長成7.5～10公分的小魚(Smolt)時，已準備好展開400公里旅程的體力，趁著黑夜經由湯普森(Thompson River)和菲沙河入海。

▲ 小鮭魚成長過程：魚卵→長眼睛→魚苗→幼魚

鮭魚哪裡看?

隨著大量捕撈紅鮭及水壩修築、伐木破壞水源,鮭魚返鄉的路陸續被切斷,魚產量日益減少。加拿大政府自1977年起,每年撥款3,200萬推動鮭魚增長計畫(Salmonid Enhancement Program, SEP),期望透過魚道、產卵水道(Spawning Channel)及養殖場(Hatchery),讓卑詩省河川鮭魚數量恢復到20世紀初期的豐碩。

由於鮭魚增長計畫,遊客也能前往鮭魚養殖場、產卵水道觀賞鮭魚洄游,並驗收計畫成果。

賞鮭時間與地點

地點	種類	最佳觀賞時間
卡皮蘭諾鮭魚養殖場	銀鮭	8～10月下旬
威化溪產卵水道	駝背鮭、紅鮭、狗鮭	10月15～20日最高峰
亞當斯河	紅鮭	9月底～10月底
黃金溪省立公園	狗鮭	10月底～12月初

卡皮蘭諾鮭魚養殖場
(Capilano Salmon Hatchery)
觀賞鮭魚跳梯,呼吸溫帶雨林氣味

以魚梯方式將洄游的鮭魚引入,以人工繁殖並飼養到小魚(Smolt)階段後放回河流。走訪卡皮蘭諾鮭魚養殖場,除了可以瞭解鮭魚生態,觀賞鮭魚跳梯,河邊步道更能仰望參天大樹,呼吸到溫帶雨林的氣味。

威化溪產卵水道長2,932公尺,以水管引溪水過濾沉澱後才放進水道,

1.卡皮蘭諾鮭魚養殖場/2.可在威化溪產卵水道觀賞鮭魚跳梯

水道裡鋪陳適合鮭魚產卵的砂石，使原本8%的威化溪鮭魚自然孵化率，因此上升至80%。另外，在抵達威化溪產卵水道前，會路過奇哈利斯河(Chehalis River)養殖場。10月中參訪，可以見到人工繁殖駝背鮭。

黃金溪省立公園
(Goldstream Provincial Park)
狗鮭洄游，白頭鷹虎視眈眈

溫哥華島的黃金溪省立公園，最著名的景觀是每年10月底狗鮭洄游，白頭鷹聽到鮭魚回家的消息，也會聚集公園準備飽餐。

| 賞鮭地點資訊

卑詩省其他觀賞鮭魚洄游資訊，可參考加拿大漁業及海洋局(Fisheries and Oceans Canada)網站：www.pac.dfo-mpo.gc.ca(太平洋地區)

卡皮蘭諾鮭魚養殖場
- 🌐 www.pac.dfo-mpo.gc.ca
- ✉ 4500 Capilano Park Rd.
- 🕐 6～8月08:00～20:00；5、9月08:00～19:00；4、10月08:00～18:00；11～3月08:00～16:00(全年開放)
- 💲 免費
- ➡ 自駕：從溫哥華出發，經獅門橋後，依標示轉入卡皮蘭諾路(Capilano Road)，車行過卡皮蘭諾吊橋遊樂區後，注意道路左邊的卡皮蘭諾河地區公園(Capilano River Regional Park)標示，轉入卡皮蘭諾諾公園路(Capilano Park Road)，沿路前行即可抵達養殖場

  大眾交通工具：天車水前站(Waterfront Station)轉海上巴士(SeaBus)往北溫哥華Lonsdale Quay，換乘236號公車(Bay 8)，在卡皮蘭諾路與艾爾頓路(Eldon Rd.)交口下車後，往後街，可沿卡皮蘭諾公園路走到養殖場。更有趣的方式是，利用卡皮蘭諾路公園路旁的Pipeline Trail，在森林中行走，接上Coho Loop Trail過兩座橋抵達養殖場。若不立即接上Coho Loop Trail，續行Pipeline Trail，會接上Giant Fir Trail走到盡頭，轉下Second Canyon Trail，然後接上Coho Loop Trail的第二座橋，前往養殖場

黃金溪省立公園
- 🌐 www.env.gov.bc.ca/bcparks
- ✉ Goldstream Provincial Park
- 🕐 全年
- 💲 免費
- ➡ 自駕：從溫哥華島維多利亞市出發，沿1號公路北行16公里，從Finlayson Arm Road轉入黃金溪省立公園

威化溪產卵水道
(Weaver Creek Spawning Channel)
- 🌐 www.pac.dfo-mpo.gc.ca
- ✉ 16250 Morris Valley Road, Harrison Mills, BC
- 🕐 08:00～日落(每年10月)
- 💲 免費
- ➡ 自駕：從溫哥華出發，取道1號公路東行，出02號出口，轉11號高速路北向(往Mission方向)，換7號高速路東北行，轉入Morriis Valley Road續東北行6公里，先到奇哈利斯河養殖場(Chehalis River Hatchery)，續行6公里即可抵達

亞當斯河(Adams River)
- 🌐 www.env.gov.bc.ca/bcparks；www.salmonsociety.com
- ✉ Roderick Haig-Brown Provincial Park
- 🕐 全年
- 💲 免費
- ➡ 自駕：從溫哥華出發，取道1號公路東行，在Hope換5號公路北行至坎路普斯(Kamloops)，再取1號公路東行至Squilax轉北沿Squilax-Anglemont Road前行6公里。單程約425公里，耗時至少5小時

圖騰柱說故事

記錄原住民生活

最初，美國奧勒岡州北界，經華盛頓州、加拿大卑詩省到美國阿拉斯加東南的太平洋沿岸，都是原住民的土地，他們在這片土地上漁獵採集維生。由於陸地及水域裡食物豐富，原住民不需要終年汲汲營營謀生，冬季尤其空閒。不久，歐洲人到美洲收買海獺皮毛，更為原住民累積了財富。

有錢、有閒，在與自然或人類的接觸中又產生不少故事，卻因原住民沒有文字，只能在冬季圍爐時口傳。終於，他們發現了森林裡柔軟筆直的北美喬柏(Western Red Cedar)不但可以建構屋舍，也容易雕刻，可以在樹幹上記錄生活中的大事，譬如生死、酋長即位、與動物的特殊關係、家族故事，於是圖騰柱便出世了。

圖騰柱的祕密

西北海岸原住民部族各自發展出不同的雕刻手法，每一支圖騰柱記載不同的故事。圖騰柱也提供不同功能：屋舍裡的梁柱、屋前的門柱，或是慶典的紀念柱、講述家族淵源的敘事柱、收藏先人骨灰的喪葬柱。

▲ 大烏鴉

柱上雕刻的人物或與屋主關連，或展示屋主的身分地位，例如蹲在門前柱上瞭望的守衛(Watchman)，人數越多，戴的帽子越高，表示主人權勢越大。有些獨立於屋舍的圖騰柱人物，也演繹原住民的傳說故事，譬如黑森林裡好吃小孩的女巨人祖奴誇(Dzunukwa)。

充滿奇幻想像力的圖案

出現在圖騰柱的眾多鳥獸及海洋、溪流生物，有些是生活中存在的實體，譬如高壯的熊，露出兩顆門牙的河狸，山林裡的狼，翱翔天空的鷹，迴游於海河間的鮭魚，水陸兩棲的蛙，生活在海洋裡的虎鯨、鯨魚、鯊魚、海狗、海獅；有些也許出於想像，例如掌管天空的雷鳥、長喙的食人鳥、雙頭海蛇，半虎鯨半狼的瓦斯科(Wasco)則

▲ 女巨人祖奴誇

是原住民歸咎淹死族人的海怪。另外，還有真實存在卻被賦予傳奇色彩的鳥類，例如大烏鴉(Raven)。

立圖騰柱是家族大事

無論喜喪，豎起圖騰柱是家族或部落大事，必須在立柱前舉辦大型宴會(Potlatch，原住民語意謂「給予」)，召集遠親近鄰正式宣告。宴會客人算作事件見證，主人也趁機誇示地位和財富；除招待食宿，客人離開時還會帶著禮物。

歐洲人帶來的疾病奪去西北海岸地區眾多原住民生命，有些村落甚至荒廢；海獺皮毛生意好景不再，原住民的財富減少；1884年教會勢力促使加拿大政府禁止原住民舉辦大型宴會，都使圖騰柱產量減少。1870～1920年間，歐美不少博物館或經紀人競相收購或搜刮圖騰柱，更使圖騰柱文化外流且瀕臨失傳。

1920年代，為開拓觀光資源，加拿大政府和太平洋鐵路公司合作重建圖騰柱；1950年卑詩大學人類學博物館開始蒐集、研究並延聘藝術家複製原始圖騰柱，圖騰柱重新被重視；一些公司行號也開始以圖騰柱作裝飾，增添圖騰柱商業色彩。

◀ 立於維多利亞雷鳥公園，海達族喪葬柱，自上至下為鷹、鷹鵰(面板)、鯨魚尾間的人像可能為往生者，底座為河狸。

▶ 立於史丹利公園，複製自酋長大屋內橫梁支柱，上為雷鳥，下為灰熊抱人，可能顯示部族與熊的淵源。

▶ 立於圖騰小鎮鄧肯，雷鳥、熊、虎鯨分別代表天空、陸地、海洋。

圖騰柱哪裡觀賞？

卑詩大學人類學博物館

- http www.moa.ubc.ca
- ✉ 6393 N.W. Marine Dr, Vancouver
- $ $18(成人)，$16(學生及長者)，$47家庭票(2大4小)；$10(週四下午5～9時)
- ⏰ 每天10:00～17:00，週四延長至21:00；10/15～5/15週一閉館
- ➡ 公車4、14、25、33、41、84、99、480路都可抵達UBC公車站。從公車站可步行1.4公里或轉搭C20(Bay 15)到博物館

以往只得見於原住民濱海部落，如今圖騰柱普遍散布於加拿大西岸。但圖騰柱較集中且交通方便的觀賞地點，在溫哥華有卑詩大學人類學博物館(Museum of Anthropology, UBC)及史丹利公園的布洛克頓岬(Brockton Point, Stanley Park)；搭乘渡輪跨越喬治亞海峽(Strait of Georgia)，溫哥華島上維多利亞市的皇家卑詩博物館(Royal BC Museum)收藏不少圖騰柱，博物館旁的雷鳥公園(Thunderbird Park)露天展示圖騰柱及原住民的會所。從維多利亞沿1號公路北上64公里抵達鄧肯(Duncan)，小鎮方圓1平方英里內竟然存在逾80支圖騰柱，其中41柱可跟隨地上黃色腳印瀏覽，鄧肯因此號稱「圖騰小鎮」(City of Totem Poles)。

卑詩大學人類學博物館 (Museum of Anthropology, UBC)
雙頭海蛇連串的3只大盆引人注目

1792年，馬斯琴族(Musqueam)原住民酋長在格雷岬(Grey Point)迎接溫哥華船長；而今原址已建成卑詩大學人類學博物館，館前2座大木雕迎接四方來賓。除了圖騰柱，人類學博物館也展示原住民面具、服飾及日常生活用品，室外更有一個海達族村落。

走進展館，最先見到的是19世紀中、末葉的蒐集，一對齜牙裂嘴的熊，曾經用作酋長房舍的支柱；一組被截成4段的柱子中，一隻鷺鷥羽翼刻有人手，羽翼包裹的人頭上長了羽毛，透露人與動物形像可以互相轉換的原住民信仰；3只雕刻精美的木箱收藏著酋長的寶貝。

1.館前兩座大木雕迎接四方來賓／2.圖騰柱中的鷺鷥(左2)透露原住民信仰

原住民飲食器皿

　　廣邀賓客參與的慶典，是豎立圖騰柱不可少的儀式，而款待飲食的器皿也有講究。展出的食具都是木雕，其中最引人注目的是雙頭海蛇連串的3只大盆，以大杓呈現的蛇舌既具裝飾功能也有實用價值。

海獅族酋長及海獅屋支柱，展現威力、財富和淵源

　　海獅族酋長及海獅屋支柱在展廳裡相當搶眼。抬著座椅的奴隸是部落間戰爭的俘虜，召示酋長的威力；酋長雙臂彩繪的銅盾象徵財富，胸前的海獅和屋裡的海獅支柱，都代表家族與海獅的淵源。太平洋西北岸原住民不但相信人與動物形象能夠轉換，更多故事敘述人與動物特殊關係，譬如酋長女兒與熊結合生子，族人以熊為族徽的傳說。

1.雙頭海蛇連串的3只大盆／
2.海獅屋支柱／3.抬著座椅的奴隸和海獅族酋長／4.原住民慶典時演出者穿戴特殊服飾及面具

| 木箱是原住民的傳家寶 |

　　原住民木箱以整塊木板合成，先在板上刻出3道溝，將木板蒸軟後摺成箱形，以榫固定，再加上底和蓋。木箱是原住民的傳家寶，箱裡通常收藏貴重的王權標記、毯子；有些酋長往生後，會以木箱作棺木。

海達族村落，模擬海達族的居住環境

　　水塘象徵海洋，海濱建構2座屋舍，大的供人居住，小間的是酋長往生後暫厝的房舍；屋前柱嵌在門前正中央，柱頂都立著警戒的守衛。房舍外圍有數支獨立的圖騰柱，其中2支為葬喪柱。

1.烏鴉與人類的誕生／2.這支紀念柱是海達村最後完成的圖騰柱，小熊趴在河狸耳際／3.海達族村落，雙柱喪葬柱以鯊魚為圖案

喪葬柱特寫，表達熊與人結合的故事

　　喪葬柱基本的構造都有面板，面板上的圖案可能與死者族徽或生活相關。單柱在面板後挖孔安置骨灰，雙柱背後則建有平台，可以放置收納先人骨骸的木箱。海達村雙柱喪葬柱面板彩繪鯊魚，在現有的圖騰柱中少見，原本放在面板後的木箱已失蹤；單柱的則繪有鷹，鷹下依序為人類母親與孩子、熊爸爸與小熊，表達的正是熊與人結合的故事。

博物館圓型廳展出，述說烏鴉與人類誕生故事

　　圖騰柱的雕刻技巧，被延伸到其他木雕，說的仍然是原住民故事。博物館圓型廳（Rotunda）裡，圖騰柱雕刻大師比爾雷德（Bill Reid）用手斧與鑿刀，述說海達族傳說「烏鴉與人類的誕生」（The Raven and the First Men）的故事。

1

2

3

史丹利公園布洛克頓岬
(Brockton Point, Stanley Park)
圖騰柱展示名雕刻家工藝

旅 遊溫哥華，史丹利公園是必遊景點；而遊覽史丹利公園，必定會前往布洛克頓岬欣賞圖騰柱。最初的構想是要在公園裡建置一個原住民村落，後來發現不切實際，就開始蒐集圖騰柱，逐漸形成如今規模。

垮基烏托故事柱，訴說部族傳奇人物

除了海達族，史丹利公園的圖騰柱也述說不同部族的人物或故事。譬如一支圖騰柱上刻著抱著獨木舟的人、騎著虎鯨的人、展開雙臂的女巨人，三人都是垮基烏托（Kwakiutl）族的重要人物。一是逃過洪災並供給族人第一艘獨木舟的先哲，一是乘著虎鯨勇闖龍王宮的英雄；底座的女巨人喜歡吃在森林迷途的小孩，卻也指點族人獲取財富。柱的最頂端是神祕的力士鳥Kolus，據說力大無窮可以移梁換柱；先哲腳下是傳說中的雙頭海蛇，據說海灘發亮的雲母是牠掉落的鱗片。

史丹利公園布洛克頓岬
- http www.vancouver.ca/parks
- ✉West Georgia St底，接上 Stanley Park Causeway
- $免費
- ◎每天
- ➡天車Canada Line出Waterfront站，出站左轉沿Seymour St上坡，在與Pender St交口處換乘公車19 路入園，可步行前往布洛克頓岬

1.史丹利公園的圖騰柱聚集於布洛克頓岬／2.抱著獨木舟的祖先提供族人第一艘獨木舟

1.模仿阿拉特灣的圖騰柱，柱頂有雷鳥抓鯨魚，底座為大烏鴉／2.唯一未上色的河狸柱／3.布洛克頓岬喪葬柱雕刻的山羊與海狗並不尋常／4.大烏鴉的喙可以打開成入屋的門

海達族喪葬柱，看見山羊與海狗圖案

　　雖然史丹利公園所有圖騰柱都是複製品，但也多有所本，而且出自名家之手。例如唯一一支海達族喪葬柱，即由比爾雷德複製。複製的喪葬柱描繪雷鳥臉的月亮，鳥的翅、腳及爪分裂於兩旁，底下是一頭山羊，山羊坐在灰熊頭頂，灰熊懷裡抱著海狗。也許因為年代久遠，沒有人能確切說出圖騰柱所表達的故事，但是山羊及海狗在現有的圖騰柱中少見。

河狸柱，唯一未上色的圖騰柱

　　唯一未上色的圖騰柱，說的是河狸與人的故事。圖騰柱頂是人抱著烏鴉，分享同一片天空，柱上5張人的面孔，代表捕獵河狸的5兄弟。故事說5兄弟出去捕獵，最年輕的弟弟追隨2隻河狸回家，從河狸家的煙囪孔往下看，驚奇地發現河狸脫下皮毛後變成人（柱底的孔與人），並泣訴人類的追殺。小弟頓起惻隱之心，兄弟們從此不再獵捕河狸。

酋長屋前的門前柱，雷鳥領頭烏鴉壓底

　　1890年中期曾經立於阿拉特灣(Alert Bay)的圖騰柱，1987年被複製在史丹利公園。圖騰柱頂端雷鳥展翅，抓住一尾鯨魚，底下依序為狼、先哲、食人鳥、熊、底座為大烏鴉。這是一支立於酋長屋前的門前柱，烏鴉的翅膀和尾巴就繪在門上。而烏鴉的長喙上部來自一艘獨木舟的船頭，估計長有2.7公尺；下部配合的雕刻看起來天衣無縫。其實，喙的下部可以放下，成為慶典時的房屋入口。

圖騰柱之路 (Route of the Totems)

為慶祝溫哥華島與溫哥華本土合併成卑詩省百周年，慶祝委員會提出「圖騰柱之路」的構想，想在卑詩省海岸旅遊城市豎立圖騰柱。圖騰柱的規格為3.5公尺高，底座直徑1公尺，主題是站立的熊。結果11位雕刻師，雕刻了19支圖騰柱，圓滿達成計畫。19支圖騰柱分布於不同觀光點，包括維多利亞內港、西溫哥華馬蹄灣等地。

立於維多利亞內港Government St及Belleville St交會口西北角的一支圖騰柱，即「圖騰柱之路」的成品，也是被收錄進鏡頭最熱門的圖騰柱。熊頭上頂著蛙，嘴咬掌握著象徵財富的銅盾，盾下是穿戴喬柏樹皮編織成頭巾及項鍊的舞者。

圖騰柱的作者是知名的雕刻師亨利韓特(Henry Hunt)。韓特育有6子，其中4人也都是圖騰柱雕刻師，對街皇家卑詩博物館前院的圖騰柱，便是理查韓特(Richard Hunt)的作品。理查的圖騰柱頂是力士鳥(Kolus)，腳爪抓著戴著太陽面具的酋長，酋長也拿著銅盾，穿著喬柏樹皮編織的舞裙；座底的熊懷裡的人，左手食指截斷，據說是理查的老朋友。

▲ 立於維多利亞內港，是圖騰柱之路的成品之一

▲ 理查韓特(Richard Hunt)的作品

皇家卑詩博物館

http www.royalbcmuseum.
bc.ca

675 Belleville St, Victoria

$ 皇家卑詩博物館門票分1
日、2日、IMAX電影，門
票+IMAX等不同組合。
基本上1日票$29.95(19
～64歲)，$19.95(65歲以
上及19歲以上學生憑證)
，$16.95(6～18歲)

因季節而異，可上網查詢

聖誕節、新年

搭乘天車Canada Line，
在Bridgeport Station轉
搭620路到終點，即前往
溫哥華島的卑詩渡輪(BC
Ferries)起點祖瓦生碼頭
(Tsawwassen Terminal)，
經過95分鐘航行，渡輪
在溫哥華島的史瓦茲灣
(Swartz Bay)入港。下船
後，搭乘維多利亞地區公
車(www.bctransit.com)
70X或72路進維多利亞市
區，博物館在終點站

皇家卑詩博物館(Royal BC Museum)
雷鳥公園(Thunderbird Park)
卑詩省自然及人文寶庫

皇家卑詩博物館3樓專門展覽原住民生活情境，收藏不少圖騰柱。而室外緊鄰博物館的雷鳥公園，也豎立著一群圖騰柱，其中最引人好奇的是一支亨利韓特和另一位兒子東尼(Tony Hunt)共同創作的圖騰柱，因為柱上有人的眼球掉出眼眶而且下垂似在流淚。據說，那人是海酋長(Sea Chief)，每天晚上眼球都會掉出來懸在繩索上，眼瞼閉合，這樣才能看到要吃的食物；等他用餐完畢，朋友會幫他把眼球歸位。而海酋長最愛吃的食物就是雕在他眉毛間的海狗。

1.皇家卑詩博物館3樓圖騰柱群／2.雷鳥公園／3.仿製原住民聚會房屋外觀

圖騰小鎮鄧肯(Duncan)
800歲樹幹雕出喬柏人

韓特家族雕刻的另一支著名圖騰柱立於圖騰小鎮鄧肯。小鎮的80餘支圖騰柱散置於街道,但多在步行可及範圍,其中最特別的是由理查韓特雕刻的喬柏人(Cedar Man)。雕刻用的樹幹將近800歲,直徑迄今無圖騰柱能超越。原住民認為樹有靈,理查將樹靈雕出人型,穿著喬柏樹皮編織的裙子,手持權杖,喬柏人似乎隨時都能走出樹幹;即使一動不動的站在街角,行經街道,隱約感覺喬柏人的大眼睛目光相隨。

鄧肯
- ⊠ 圖騰柱主要分布於Canada Ave及Station St
  喬柏人位於Government St & Jubilee St交會點
- ➲ 自駕:鄧肯小鎮在1號高速路邊,從Trunk Road轉入西行即達市區

玩樂篇

▲ 海酋長(Sea Chief),每天晚上眼球都會掉出來懸在繩索上　▲ 手持權杖的「喬柏人」

洛磯山

Rocky
Mountains

洛磯山旅遊指南

碧湖、雪山、冰川美景天成

加拿大洛磯山之美，在於冰川營造的碧湖。如果說「天下第一湖」露易絲湖(Lake Louise)像山中翡翠，加拿大洛磯山便彷彿穿戴著一串翡翠項鍊。夢蓮湖(Moraine Lake)靜靜躺在群峰懷抱間；弓湖(Bow Lake)、佩投湖(Peyto Lake)、水禽湖(Waterfowl Lakes)沿路裝飾冰原大道；傑士伯國家公園的馬林湖(Maligne Lake)為加拿大洛磯山第一大湖；幽鶴國家公園的翡翠湖小巧迷人。

加拿大洛磯山之美，在於連綿不斷的雪山和雪山間流洩的冰川。行走其間，不但飽覽山川，還能搭乘大雪車踩上冰川，親身體驗冰雪世界的冷冽。加拿大洛磯山還有奔騰的瀑布和詭異懾人的峽谷，也是野生動物的天堂，更是自然生態教室。

▲ 塔卡高瀑布

▲ 洛磯山鳥瞰圖

擁有4處知名的國家公園

洛磯山國家公園的班芙、傑士伯公園在亞伯達省(Alberta, AB)內，以班芙(Banff)及傑士伯(Jasper)兩個小鎮為中心，景點多在小鎮內或周邊。幽鶴及庫特尼公園在卑詩省內，以菲爾德(Field)及鐳溫泉(Radium Hot Springs)兩個小村落為中心，景點散布在周邊。雖然地理分布跨越兩省，4處國家公園都在山區時區內。

| 羅伯森山，加拿大洛磯山脈最高峰 |

由於山高而且冰川散布，羅伯森山(Mount Robson)有自己的小氣候，而且幾乎終年藏在雲霧裡，據說一年只有29天能見到全貌。對於登山者而言，羅伯森山的氣候也是大挑戰，1907年開始就有人企圖登頂，直到1913年才有人成功。也就在1913年3月，羅伯森山成為卑詩省第二處省立公園，至今已逾百周年。

多數遊客只在訪客中心停留，各憑運氣看到羅伯森山南面的部分身影；而山最美的部分卻在北面，必須行走步道才有較多機會一睹風采。

玩家充電站

🌐 www.gov.bc.ca/env (點選BC Parks，再按字母順序點選Mount Robson)
✉ 羅伯森山位在16號及5號高速路交會口以東11公里
➡ 從溫哥華取道1號高速路轉5號高速路，至與16號高速路交接處，轉向16號高速路東行(傑士伯方向)11公里，依指標進入羅伯森山訪客中心。若從傑士伯出發，則西行102公里

洛磯山國家公園

鐵路是洛磯山開發的最重要關鍵。加拿大獨立立國後，為吸引卑詩省加入，以免資源為美國利用，第一任首相麥唐納(John A. Macdonald)應允興建橫貫鐵路。在勘測、鋪設鐵路之際，洛磯山的面紗一層層揭開，雪山碧湖美景逐漸傳播出去，國家公園也相繼設立。

1885年，班芙(Banff)國家公園成為加拿大第一、世界第3處國家公園。幽鶴(Yoho)、傑士伯(Jasper)、庫特尼(Kootenay)隨後紛紛設置國家公園，用鐵路、公路連成一氣，慣稱加拿大洛磯山國家公園。1985年聯合國教科文組織(Unesco)將洛磯山國家公園列為世界自然遺產(World Heritage Site)，卑詩省羅伯森山(Mount Robson)因為是加拿大洛磯山最高峰也一併列入。

加拿大洛磯山國家公園設置之初，並無意保護山林與野生動物，多半為商業利益，直到通過國家公園法案(National Parks Act)，才確定生態環保方向。目前加拿大已發展出44處國家公園，洛磯山國家公園名氣還是最響亮。

班芙國家公園
詳見P.166
(Banff National Park)

1883年，3名鐵路工人在班芙硫磺山(Sulphur Mountain)發現溫泉，促成溫泉保護區建立，並發展成加拿大第一個國家公園。

▲ 班芙城堡旅館興建，提供洛磯山遊客住宿

▲ 加拿大橫貫鐵路完工後首次通車所使用的蒸汽火車頭

幽鶴國家公園
詳見P.165
(Yoho National Park)

鐵路開通，遊客湧入後，加拿大太平洋鐵路公司開始沿線興建旅館，最先在史帝芬山(Mount Stephen)營造餐廳、旅店，成為登山及觀光基地；政府配合劃出山腳下16平方公里土地為史帝芬山保護區(Mount Stephen Reserve)，即幽鶴國家公園前身。

傑士伯國家公園
詳見P.168
(Jasper National Park)

1902年，北方另一道橫貫鐵路興建計畫公布後，曾是皮毛商活躍的傑士伯又恢復生氣；1907年，加拿大政府在傑士伯附近劃地設置森林公園(Jasper Forest Park)，日後擴充為傑士伯國家公園。

庫特尼國家公園
詳見P.206
(Kootenay National Park)

1920年代汽車進入洛磯山，逐漸取代火車地位。同年，班芙―溫德米爾公路（Banff-Windermere）即93號公路施工，卑詩省劃出沿線設立庫特尼國家公園。

往艾德蒙頓

16

傑士伯國家公園
(Jasper National Park)

16

傑士伯
Jasper

16

5

羅伯森山
Mount Robson

往溫哥華

93

哥倫比亞冰原
Columbia Icefield

11

班芙國家公園
(Banff National Park)

93

幽鶴國家公園
(Yoho National Park)

菲爾德
Field

露易絲湖
Lake Louise

黃金鎮
Golden

1

1

班芙
Banff

地圖繪製/許志忠

1

往卡加利

玩家充電站

95

93

鐳溫泉
Radium Hot Springs

庫特尼國家公園
(Kootenay
National Park)

洛磯山國家公園訪客中心

　　加拿大國家公園管理局在洛磯山國家公園設有
多處訪客資訊中心(Visitor Information Centre)，
服務時間各處、四季不同，請查詢網址。

班芙國家公園

🌐 www.pc.gc.ca/banff；www.banfflakelouise.com
✉ Banff：224 Banff Ave, Bantt, AB
✉ Lake Louise：Samson Mall, Village of Lake Louise, AB

幽鶴國家公園

🌐 www.pc.gc.ca/yoho；www.field.ca
✉ Field, BC

傑士伯國家公園

🌐 www.pc.gc.ca/jasper；www.jasper.travel
✉ Icefield Centre, AB
✉ 500 Connaught Dr, Jasper, AB

庫特尼國家公園

🌐 www.pc.gc.ca/kootenay；www.radiumhotsprings.com
✉ 7556 Main Street East, Radium Hot Springs, BC

國家公園門票看這裡 🌐 www.pc.gc.ca

1928年加拿大國家公園開始出售門票，汽車入園季票$2，還
可免費在國家公園營地露營30天。目前洛磯山國家公園收費
如下：

種類	單日*	發現派司*
成人(17～64歲)	$10.50	$72.25
長者(65歲以上)	$9	$61.75
17歲以下	$0.00	$0.00
家庭(同一輛車內最多7人)	$21	$145.25

※單日門票可使用至次日16:00。
※發現國家公園派司(National Park Discovery Pass)有效期
1年，可使用在加拿大全國44處國家公園、167處史蹟(His-
toric Sites)、4處海洋生態保護區(Marine Park)。
※派司可上網購買，台灣和中國都能運送。

洛磯山8天行程規畫

Day 1
556 km

溫哥華 ⟶ 希望鎮 ⟶ 美利特 ⟶
Vancouver 150km Hope 108km Merritt 84km
坎路普斯 ⟶ 希卡摩斯 ⟶
Kamloops 142km Sicamous 25km
克雷吉力奇 ⟶ 灰熊鎮
Craigellachi 47km Revelstoke

景點：坎路普斯西洋參廠(P.136) / 亞當斯河鮭魚(P.149) / 飛鷹隘口最後一支枕釘(P.141)

Day 2
378 km

灰熊鎮 ⟶ 黃金鎮 ⟶ 鐳溫泉 ⟶
Revelstoke 148km Golden 100km Radium Hot Springs 103km
城堡山交會點 ⟶ 班芙
Castle Junction 27km Banff

景點：天空草地(6月底～7月底，P.143) / 羅傑斯隘口(P.142) / 鐳溫泉(P.207) / 大理石峽谷(P.206)

Day 3
83 km

班芙 ⟶ 江斯頓峽谷 ⟶
Banff 24km Johnston Canyon 8km
城堡山觀岩點 ⟶ 出口溪觀景點 ⟶
Castle Cliffs Viewpoint 21km Outlet Creek Viewpoint 5km
露易絲湖村
Lake Louise Village

景點：班芙(洞穴與盆地、硫磺山纜車、弓河瀑布、班芙城堡旅館P.162) / 隧道山道(P.192)、迷你汪卡湖環湖路(P.193)、江斯頓峽谷(P.197)、城堡山觀岩點、出口溪觀景點(P.198)

Day 4
136 km

露易絲湖村 ⟶ 夢蓮湖 ⟶
Lake Louise Village 14km Moraine Lake 16km
露易絲湖 ⟶ 露易絲湖村 ⟶
Louise Lake 4km Lake Louise Village 19km
螺旋隧道觀景點 ⟶ 幽鶴谷路交會口
Spiral Tunnel Viewpoint 47km Yoho Valley Road Junction
⟶ 塔卡高瀑布 ⟶ 菲爾德 ⟶
13km Takakkaw Falls 17km Field 11km
翡翠湖及天然橋 ⟶ 菲爾德 ⟶
Emerald Lake & Natural Bridge 11km Field 27km
露易絲湖村
Lake Louise Village

景點：夢蓮湖、露易絲湖、翡翠湖及天然橋(P.165) / 踢馬隘口(P.143) / 塔卡高瀑布(P.211)

Day 5
233 km

露易絲湖村 ⟶ 烏鴉腳冰川 ⟶
Lake Louise Village 35km Crowfoot Glacier 1km
弓湖 ⟶ 佩投湖 ⟶ 雪鳥冰川 ⟶
Bow Lake 6km Peyto Lake 8km Snowbird Glacier 8km
水禽湖 ⟶ 迷思塔亞峽谷 ⟶
Waterfowl Lakes 15km Mistaya Canyon 4km
渡口 ⟶ 哭牆 ⟶ 派克山脊 ⟶
River Crossing 29km Weeping Wall 12km Parker Ridge 4km
山瓦普塔隘口 ⟶ 哥倫比亞冰原中心
Sunwapta Pass 5km Columbia Icefield Centre
⟶ 山瓦普塔河谷觀景點 / 天空步道
2km Sunwapta Valley Viewpoint Glacier Skywalk
⟶ 探戈瀑布 ⟶ 史陶菲冰川觀景點
1km Tangle Falls 2km Stutfield Glacier Viewpoint
⟶ 山瓦普塔瀑布 ⟶ 阿塔巴斯卡瀑布
40km Sunwapta Falls 25km Athabasca Falls
⟶ 傑士伯
30km Jasper

景點：冰原景觀道路所有景點(P.199) / 哥倫比亞冰原雪車(P.202)

Day 6
256 km

傑士伯 ⟶ 馬林湖 ⟶ 傑士伯 ⟶
Jasper 44km Maligne Lake 44km Jasper 29km
伊迪絲卡維爾山 ⟶ 傑士伯 ⟶
Mount Edith Cavell 29km Jasper 90km
羅伯森山 ⟶ Tete Jaune Cache ⟶
Mount Robson 11km 18km
維爾蒙
Valemount

景點：馬林湖路所有景點(P.208) / 伊迪絲卡維爾山(P.210) / 羅伯森山(P.161)

Day 7
472 km

維爾蒙 ⟶ 藍河 ⟶ 坎路普斯 ⟶
Valemount 90km Blue River 224km Kamloops 113km
佛農 ⟶ 基隆那
Vernon 45km Kelowna

景點：基隆那酒莊、採果、賞花(P.134)

Day 8
381 km

基隆那 ⟶ 美利特 ⟶ 希望鎮 ⟶
Kelowna 123km Merritt 108km Hope 150km
溫哥華返程
Vancouver

景點：若第7天來不及觀賞基隆那，可安排第8天觀賞後，再返回溫哥華

玩樂篇

洛磯山國家公園
幽鶴國家公園
Yoho National Park

水色清清綠波盪漾

翡翠湖(Emerald Lake)
水色清清綠波盪漾

幽鶴國家公園的翡翠湖縱然小巧，卻最先聽到飛燕帶來春的消息，趕忙掀去覆蓋雪衣，從薄冰下呈現碧綠。發現露易絲湖的1882年，威爾森在他的馬帶領下也發現翡翠湖。翡翠湖路(Emerald Lake Road)最早於1904年修築，馬車載客一路顛簸8公里到太平洋鐵路公司搭建的營帳，沿途雪峰連綿，馬路因而命名「雪峰路」(Snow Peak Avenue)。當年營帳已建成樸質典雅的翡翠湖旅館(Emerald Lake Lodge)，馬路也鋪上柏油，唯一不變的是映襯雪山倒影的碧湖。

山脊間隱藏著地球史頁

由冰川堆積石築成，翡翠湖面積略超過1平方公里，水深僅及28公尺，站在停車場通往旅館橋上往下看，水清見底。湖邊拔起兩座高山相連的山脊間，即是著名的伯吉斯頁岩化石床(Burgess Shale Fossil Beds)所在，於1909年由考古學家瓦寇特(Charles Walcott)發現。伯吉斯化石床發掘，重現5億3千萬年前地球生態，1981年聯合國教科文組織將伯吉斯頁岩化石床列入世界遺產(World Heritage Site)。

大水穿鑿頑石形成天然橋

沿翡翠湖路回頭約6.8公里的路邊，踢馬河(Kicking Horse River)遇上一塊頑石擋道，本來水流可以越過石頭繼續前進，踢馬河卻不甘心，硬是鑽縫侵蝕出一道口，由石頭下方流出，未能蝕透的石頭便形成「天然橋」(Natural Bridge)。石頭與水的戰爭還在持續，也許百年，也許千年，總有一天，水流終於會將石橋攻陷。

翡翠湖
◯ 自駕，加拿大橫貫公路(1號高速路)在菲爾德(Field)附近，依指標轉進Emerald Lake Road，前行約8公里抵達湖濱停車場

1.翡翠湖／2.天然橋

洛磯山國家公園
班芙國家公園
Banff National Park

洛磯山的翡翠項鍊

露易絲湖
- 自駕，加拿大橫貫公路 (1號高速路)Lake Louise Drive出口，南行5公里抵達湖濱停車場。2023年起，停車場開始收費

露易絲湖(Lake Louise)
雪山下閃亮的綠翡翠

1882年夏夜，加拿大太平洋鐵路探勘隊伍到達弓河與派泊史冬河(Pipestone River)交口紮營，嚮導威爾森(Tom Wilson)忽然聽到遠處滾滾雷聲，伴隨的原住民嚮導告訴他，雷聲來自「小魚湖上的大雪山」。

第二天清晨，威爾森刻意探尋雷聲來源，發現雷聲爲雪崩，而雪山下一泓碧湖宛若翡翠。他在日記上寫道：「老天在上，我發誓從來沒有看見過這麼無與匹敵的景色！」，更命名碧湖爲「翡翠湖」(Emerald Lake)。翡翠湖後來改以英國女王維多利亞(Queen Victoria)女兒露易絲之名命名，成爲露易絲湖；雪山則稱爲維多利亞山。

傳說露易絲湖水經由孔雀尾巴蒸餾，才產生如翡翠的碧綠；也有人說，湖水反映天色。事實上，不是孔雀也不是藍天造就洛磯山的碧綠，而是冰川的精心傑作。洛磯山碧湖多由冰川餵養，困在冰川裡的石礫互相磨擦成

▲露易絲湖

▲夢蓮湖

玩樂篇

細如麵粉般的石粉(Rock Flour)，隨著融冰沉澱湖裡或漂浮水中，光線透過時反射藍、綠光譜，湖面便呈現碧綠。

夢蓮湖(Moraine Lake)
十座山峰陪襯的藍綠玉

夢蓮(Moraine)意即冰川堆積石，1899年發現夢蓮湖的維爾寇克斯(Walter Wilcox)認為，夢蓮湖由冰川堆積石圍堵融雪成湖，因而命名；湖畔堆積成山的石頭，卻讓地質學家懷疑湖因落石形成。

無論冰川堆積石或落石形成，夢蓮湖水來自溫克奇納冰川(Wenkchemna Glacier)，較露易絲湖水少了些綠，卻多了幾許藍；湖面不如露易斯湖氣派，群峰環繞間卻顯出村姑的淳樸。「溫克奇納」是原住民語，意即「十」，如今十峰多已易名，溫克奇納峰成為山峰代表，與夢蓮湖一齊印在1969～1993年發行的20元加幣背後，偶爾還能看見。

弓湖(Bow Lake) / 佩投湖(Peyto Lake)
碧綠與粉藍各見姿色

源自瓦普塔冰原(Wapta Icefield)的弓冰川(Bow Glacier)供給弓湖的碧綠，並將水色沿著弓河，一路向東蜿蜒數百里。同源的佩投冰川(Peyto Glacier)挾帶的石粉，塗抹佩投湖成粉藍，更愛浮游湖面，見證冰湖水色來源。佩投湖原是嚮導比爾佩投(Bill Peyto)的私房景點，他於1890年代自英國移民進入加拿大洛磯山並以嚮導維生，1893年他引領維爾寇克斯(Walter Wilcox)在弓湖紮營後，帶著鋪蓋獨自溜到附近碧湖過夜，維爾寇克斯得知湖後，定名佩投湖。

夢蓮湖
➲ 2023年起，已不容許自駕前往夢蓮湖，必須搭乘國家公園管理局接駁車或班芙公車、列冊的遊覽車，才能抵達。詳情見班芙交通(P.63)

弓湖 / 佩投湖
➲ 自駕，加拿大橫貫公路(1號高速公路)轉往冰原景觀道路(93號公路)北行，37公里到弓湖；續北行6公里，依指標左轉入佩投湖停車場，從此步行600公尺到觀景台

▲弓湖

▲佩投湖

洛磯山國家公園
傑士伯國家公園
Jasper National Park

湖光山色相映成趣

馬林湖
➡ 自駕，出傑士伯鎮取道黃頭高速路(16號公路)東行，轉入Maligne Lake Road，沿路行走44公里抵達湖濱停車場

馬林湖(Maligne Lake)
公園內的最大湖泊

「**馬**林」法文意思為「搞怪」（Wicked），1846年法國神父試圖跨越馬林河下游遇阻，因而命名馬林河。位於海拔1,675公尺的馬林湖是冰川鑿開並由冰積石堵塞形成的湖泊，四周群山環繞，為傑士伯國家公園第一大湖。站在遊船碼頭，只見層層山巒次第向遠處延伸，最近的參森峰（Samson Peaks）經常頂著白頭俯視湖面。

馬林湖船屋(Boat House)

也許因為湖面寬廣，馬林湖乍看不若洛磯山其他碧湖讓人驚豔，加拿大雁卻最欣賞馬林湖，成群聚集湖濱或優游湖波，潛鴨也愛在湖裡上上下下覓食。從湖畔伸入湖水的馬林湖船屋，1928年即建成，已成歷史建築，仍然提供泛舟服務，當年放養的彩虹鱒恐怕已經繁衍了好幾代。

▲ 馬林湖船屋

▲ 精靈島

精靈島清秀脫俗(Spirit Island)

乘船接近精靈島後捨舟登高遠眺，但見小島清秀脫俗，環島湖光映著綠樹雪山，彷如仙境。

哥倫比亞冰原(Columbia Icefield)
北極以南最大冰塊

洛磯山中有好幾處冰原，其中哥倫比亞冰原為北極以南最大冰塊；8條知名冰川流向四方，融雪匯集湖、河，北入北極海，東、西各以大西洋及太平洋作歸宿。

原住民早已活躍於洛磯山間，18世紀皮毛獵人在原住民協助下開始經由隘口翻山越嶺，商人、傳教士及科學家隨後涉足洛磯山。1898年夏天，發明霓虹的英國科學家柯立(Norman Collie)攀上阿塔巴斯卡山(Mt. Athabasca)，無意間撞見哥倫比亞冰原。

柯立發現冰原時相信，眼前的廣袤冰原從來未為人知，周圍群峰也未經攀登。短時間內，冰原附近山峰一一被征服且獲命名，冰原並以其中最高峰、海拔3,745公尺的哥倫比亞山(Mt. Columbia)定名。

哥倫比亞冰原
⮕ 自駕，從加拿大橫貫公路與冰原景觀道路交會點北行130公里，或從傑士伯鎮南下103公里，在冰原訪客中心對面，阿塔巴斯卡冰川正上方

1.阿塔巴斯卡山／2.安卓米達冰川

1.乘坐大雪車可以踏上阿塔巴斯卡冰川／2.阿塔巴斯卡冰川／3.雪圓頂是三分水嶺，融冰分別流向太平洋、大西洋及北極海

夏天，冰川彷彿從沉睡中甦醒

加拿大洛磯山脈22座高峰半數環繞在哥倫比亞冰原四周，來自太平洋的水氣儘管努力往上爬，卻逃不出群峰屏障，冷空氣羈絆住水氣並化成冰雪；年年長冬短夏，一波波新雪蓋舊雪，冰雪日益老去更無力翻身，終於造就成面積325平方公里，厚度超過300公尺的大冰原。

夏天，冰川彷彿從沉睡中甦醒。一旦夏日融化表面冰雪，掙脫桎梏的冰川更跳躍奔騰，忙著營造溪、湖，滋潤生命。聽到冰川手舞足蹈，久經冰雪壓抑的小花再也不甘埋沒，利用去夏儲存的熱量，紛紛冒頭與冰川共舞，原本雪白的世界，一夕間鑲上色彩繽紛的花邊，一曲曲生命樂章，隨著水流抑揚頓挫。

玩家充電站　玩樂篇

| 冰原冰川 |

冰川是流動的堅冰。六角結晶的雪花落地後，稜角逐漸模糊，存活過一夏未融，即成為雪粒(Firn)；雪粒互相擠壓，空氣減少，密度增加，變成冰粒(Icy Grain)。年年新雪壓舊雪，冰粒越來越密實，經年累月，逐漸形成堅冰(Glacier Ice)；堅冰開始移動，冰川便告誕生。

每年冬天積雪多於夏天融雪，冰川就會增大、前進(Advance)，融雪多於積雪則冰川縮小、撤退(Retreat)。冰川退縮後讓出的地相當貧瘠，藻類先在石礫間生長穩住土壤及濕度，一簇簇接踵而至的苔蘚增厚地表；然後，風和鳥帶來的種子，開始在準備好的土地上發芽。

冰川退縮植物甦生

火草(Fireweed)桃紅亮麗的花，代表征服貧瘠土地的勝利微笑；赤楊(Alder)由空氣中吸收氮以壯大軀幹，從根部釋放氮以肥沃土地，繁繁茂茂地領頭為大樹拓荒。倒地的赤楊，為雲杉(Sitka Spruce)鋪好苗圃，毫不在乎雲杉最終會搶去它的天空；而較雲杉需要更少陽光及水分的鐵杉(Western Hemlock)後來居上，一步步侵占雲杉的地盤。從藻類、苔蘚、草本到大樹成蔭，便是冰川退卻後植物遞嬗過程(Plant Succession)。

冰川越老顏色越藍

光譜七彩遇上厚實的堅冰，活生生地被吞噬掉六彩，只吐出吃不下的藍色，因此冰川表面呈現藍色。冰的年齡越老越堅硬，反光也就越藍；年輕的冰裡還包含融化及擠壓過程中來不及逃跑的空氣，空氣越多，光線越容易透過，看起來就越白。

冰川有幾種？

冰川都發源於山頂冰原，歸宿卻不一樣。

■**碗狀冰川**：冰川逐漸退縮後，只剩很小部分留在山凹裡，彷若一碗刨冰，稱作碗狀冰川(Crique Glacier)。

■**海潮冰川**：從冰原直入海洋的冰川，稱作海潮冰川(Tidewater Glacier)。海潮冰川氣勢有如海上長城，因氣溫上升、互相擠壓或久經海浪拍打剝離的冰塊就是俗稱的冰山(Iceberg)。

■**懸掛冰川**：已從谷地退縮到山崖，懸在山崖上舉足不前的為懸掛冰川(Hanging Glacier)。

■**山谷冰川**：最常見的為山谷冰川(Valley Glacier)。受地心引力牽引，冰川從冰原一路下到谷地，並將走過的山壁打磨成U槽。

▲ 藍色冰山

▲ 上面像蛋糕奶油的一層為冰原，往下像河流的為冰川

國家公園生態鏡頭

觀樹、賞花，邂逅野生動物

洛磯山植物散布在三個生長區，由山區(Montane)爬升至亞高山帶(Subalpine)、高山帶(Alpine)。白楊、梁木松、道格拉斯冷杉是山區最普遍的落葉及針葉樹。冷杉或英格曼雲杉生長在亞高山帶；高山帶因風大、雪多、生長季短，掙扎著存活的針葉樹多半矮短且枝幹扭曲，甚至刻意背對寒風生長，像支飄揚的旗桿(flagging)。

夏日是洛磯山最熱鬧的季節，不但高山草場野花怒放，公路沿線也都鑲上花邊。冰川百合(Glacier Lily)領先塗抹山坡成鮮黃色，耬斗草(Columbine)低頭綻放淡黃、淺紫和橘紅，白頭翁(Western Anemone)奶白花瓣捧著黃色花心，紅苜蓿(Red Clover)更像圍著桃紅頭巾的村姑。沿路生長的牛眼菊(Oxeye Daisy)與天星菊(Aster)最是熱情洋溢，石生風鈴花(Harebell)披戴藍紗還帶著幾分羞怯，黃花橡葉草(Dryas)來

不及抬頭就已變成飛絮飄散傳種；也就在路旁樹叢間，草茱萸正伸展苞葉吸引蟲媒，水牛莓滿叢紅漿果為黑熊加餐。

洛磯山國家公園最常見的野生動物為馬鹿和大角羊，林間、道旁甚至公路中央，都可能不期而遇。馬鹿更知道居住城市的舒適，不時闖入民宅花圃，或是盤踞高爾夫球場飽餐；大角羊較傾向山野，偶爾也會霸路攔車要索食物。騾鹿和白尾鹿多逗留在森林邊緣覓食，山羊只為舐食路邊礦物質下山，黑熊隨著成熟的漿果移動，駝鹿與灰熊比較難見蹤影，倒是各種地鼠及烏鴉家族相當活躍。

1.樹旗桿／2.耬斗草／3.紅花苜蓿／4.牛眼菊／5.冰川百合／6.石生風鈴花／7.黃花橡葉草／8.白頭翁／9.梁木松／10.白楊秋天同步變色／11.雲杉杉果

山中解讀植物

梁木松 (Lodgepole Pine)
原住民帳篷的支柱

梁木松是亞伯達省省樹，因原住民用作架設帳篷支柱而獲名。梁木松身材瘦高，因趕著長高爭搶陽光，根本來不及壯碩軀幹。雖雌雄毬果同株，梁木松每年春末夏初傳粉，總要大肆鋪張搞得滿天滿池黃綠色花粉；即使授粉圓滿，若無森林大火還是功虧一簣。梁木松很少活過兩百歲，除了松線蟲為害，主要因森林火災死亡。火卻在梁木松生命循環中扮演關鍵角色，因松果只能靠烈火燒爆才得以釋放種子繁殖，也只有大火清除濃密老林，才能提供梁木松需要的陽光與土壤。

白楊 (Aspen)
為洛磯山帶來金黃秋色

白楊每年為洛磯山帶來燦爛秋色，也提供馬鹿 (Elk) 冬天食糧，更是製造木槳、木碗筷及紙漿的材料。青綠樹皮彷彿怕日曬，白楊偶爾會為樹皮敷上白粉過濾紫外線，原住民也樂得用作防曬粉。白楊母株每年生產上百萬種子隨風飄送，種子卻不帶養分又欠缺外膜保護，因而生命短暫無力繁殖，只有靠自體分離 (Clone) 傳宗接代。

白楊從淺根中長出新芽，由於出於自體分離，每株新樹一模一樣，樹葉春天同時發芽，秋天同步變色，而且由於白楊雌雄各自成株，雌株只分離雌株，雄株分離出來的新樹一定是雄株。

英格曼雲杉 (Engelmann Spruce)
製作琴類和獨木舟的材料

英格曼雲杉因德國植物學家喬治英格曼 (George Engelmann) 獲名，更以耐寒著稱，即使不時要經歷嚴冬攝氏零下60度氣溫考驗，英格曼雲杉還能活過千歲。雲杉也是多用途木材，纖密的木質適合製作獨木舟、枕木，易產生共鳴的特質成為鋼琴、小提琴材料；鹿喜歡啃食雲杉嫩枝，松鼠和鳥也分食果實。

6 7 8

9 10 11

道格拉斯冷杉(Douglas Fir)
最常用作聖誕樹

道格拉斯冷杉以英國植物學家大衛道格拉斯（David Douglas）命名。大衛於1827年即進入加拿大洛磯山採集植物，由於他的無心之誤，促使哥倫比亞冰原被發現。道格拉斯冷杉樹幹皮厚有助防火，最老活過1,300歲；針葉隱隱透露樹香，最常用作聖誕樹。偶爾氣候特殊，初夏枝椏會出現白色結晶糖，原住民稱為「樹奶」。

火草(Fireweed)
生命力蓬勃的野花

二次大戰英國倫敦遭受大轟炸後，火草率先從焦土中抬頭；庫特尼國家公園大分水嶺界碑旁的火草步道(Fireweed Trail)邊，火草還在陪伴1968年森林大火殘留的枯木。「火草」絕非浪得虛名。不但趕在火災後帶來歡顏，冰川撤退後留下的貧瘠砂土上，也義不容辭地幫忙穩住薄土，增加色彩。不僅花顏動人，火草葉、莖和花都可用作食物。火草的表親矮火草(Dwarf Fireweed)花色桃紅近紫色，經常生長在亞高山帶石隙間，更愛長在河邊，用色彩慷慨地渲染河床，因而別稱「河美人」(Riverbeauty)；傑士伯國家公園的哥倫比亞冰原下，山瓦普塔河床便是矮火草最寬廣的畫布。

亞高山冷杉(Subalpine Fir)
原住民的香粉和護髮油

亞高山冷杉綠色針葉像塗抹了白霜還帶點灰藍，原住民將針葉磨成粉狀，用作香粉，摻和鹿油，可以當髮油護髮；枝葉製香點燃或懸於牆上，據說能避凶趨吉，甚至使垂死病人復活。冷杉果實喜歡正襟危坐於樹梢，秋天松鼠採食卻會留下滿地狼藉。亞高山帶的長冬短夏及冰雪冷風，逼使冷杉必須向僂著身子求生，冷杉卻也能絕處逢生，貼近地面的枝椏逐漸伸入土壤成根，在周圍長出一圈小樹，眾星拱月宛若盆栽。

罌粟(Poppies)
東方罌粟光芒四射

7

東方罌粟(Oriental Poppy)顯然是舶來品，卻於人工悉心經營下在露易絲湖畔光芒四射；迫使湖畔花朵較小、黃色或白色的冰島罌粟(Iceland Poppy)相形失色。冰島罌粟不產花蜜，多數自助授粉，明亮的花瓣和柱頭，卻容易招蜂引蝶。一旦種子成熟，修長花莖會隨風搖擺，像撒胡椒似的將種子傳播。

1.火草/2.彩筆/3.河美人/4.石楠/5.草茱萸/6.水牛莓/7.冰島罌粟/8.東方罌粟

1

2

3

玩樂篇

彩筆(Paintbrush)
點綴高山草場的畫筆

洛磯山上的彩筆生長於亞高山與高山帶，色彩最繽紛，紅、粉、黃摻雜著爭鋒頭。鮮紅的彩筆是美國懷俄明州(Wyoming)州花，傳說很早很早以前，一位印地安畫家看到黃昏天際紅霞，忍不住想動筆留住美景，卻怎麼也無法巧奪天工，憤而擲筆；彩筆落地後，便長出紅色彩筆。

⑧

草茱萸(Dwarf Dogwood)
苞葉似花卻非真花

草茱萸的同門不是灌木便是樹木，它卻不想長大只想賴在大樹腳下。綠底襯托出四片白瓣，像花卻不是花，只是招徠的幌子，更適合用作蟲媒探訪花心的降落平台。當成簇果實變紅成熟時，花的身分終於揭曉，原來花心才是真花。果實形狀也成為草茱萸另一個名稱「一簇莓」(Bunchberry)的來源。傳說草茱萸花源自被殘暴丈夫吊在樹上的婦人，婦人每一滴血落地，就變成一棵草茱萸。草茱萸因為富含膠質，又稱「布丁莓」(Puddingberry)。

石楠(Heather)
突顯高山野花特徵

石楠最能代表高山帶野花特色，每年只生長一些葉子，卻要省省的使用好幾年才汰換，以適應高山帶短暫的生長季。石楠緊貼著地面生長，避免能源無謂消耗；開口朝下的燈籠狀小花，是為了吸收地表的熱氣。石楠熬煮的苦茶，被用作治療肺癆的藥方。據說，一名肺癆病患和朋友一同上山採莓果，卻躺在石楠叢裡睡去並夢到病體痊癒。醒來後他順手摘了些石楠回家煮茶，連續飲用一段時間，神奇地恢復健康。

水牛莓(Buffaloberry)
別稱肥皂莓

水牛莓含鹼性，打汁時會起泡，因此別稱「肥皂莓」(Soapberry)。加拿大洛磯山森林邊緣或河邊，經常得見紅亮亮的莓果，也有機會看到埋頭猛吃莓果的黑熊。水牛莓富含維他命C和鐵質，嘗起來酸中帶澀，加糖熬煮可以製作果醬，原住民卻喜歡將莓果打成蛋白似的泡沫，添加魚油及糖，製成「印地安冰淇淋」(Indian Ice Cream)。

4

5

6

野生尋訪動物

馬鹿(Elk)
最愛悠閒逛大街

深棕色頭頸和腿，棕色身軀，馬鹿近白色臀部配上同色短尾卻最搶眼，難怪原住民稱馬鹿為「白臀」(Wapiti)。1917、1920年，先後3批馬鹿自美國黃石公園(Yellowstone National Park)乘火車到洛磯山放養，馬鹿一度還因為繁殖過甚危害生態，必須定期部分「槍決」。但如今在班芙及傑士伯國家公園處處可見。

馬鹿大部分時候成群聚集谷地，班芙和傑士伯鎮周圍最常見。夏天，雄性馬鹿會移往較高處覓食，養壯身體也長好頭角，準備秋天爭取交配權。只有公鹿生長頭角，每年冬末頭角脫落，鹿茸於春天鑽出，經過一夏培養，到秋天正好派上用場。

季節一到，公鹿頓時變成「號角男孩」(Bugle Boy)，不時昂首嘶吼，吸引母鹿注意，更用頭角摩擦樹幹，釋放求偶氣味。母鹿每年5、6月間生產小鹿，小鹿很快就跟得上媽媽腳步，母子悠然漫步馬路，經常讓人必須停車等候。

出沒 河邊谷地，班芙和傑士伯鎮周圍最常見。

大角羊(Bighorn Sheep)
堅固大角用來決鬥

大角羊是班芙的動物代表，公羊頭頂的大角，先向後伸再彎曲向前上勾，戲劇性絕不下於京戲頭冠，重量並可達到體重13％。角上明顯的輪環像是大樹年輪，透露大角羊年齡。母羊毛色同於公羊，身材較小，頭角像一彎小月牙。

夏天公羊喜歡組織「單身俱樂部」(Bachelors' Club)，成群遊蕩於山坡林間覓食，母羊則多半帶著小羊逗留谷地。秋天，公羊為爭取母羊青睞交配，單身俱樂部成員可能因此反目成仇，但是還是先禮後兵，若側身比比大角即能分出高下，則可免去戰爭，否則就會有頭角對撞的決鬥登場，直到分出勝負。所幸公羊大角質地堅硬，很少因碰撞折斷。

出沒 班芙附近的迷你汪卡湖畔、黃頭高速路東行到傑士伯湖附近、馬林湖與麥迪生湖之間及庫特尼國家公園辛克來峽谷(Sinclair Canyon)路旁，經常能看到大角羊。

駝鹿(Moose)
鹿家族中最高壯害羞的成員

鹿科裡身材最高壯的駝鹿喜歡獨行也害羞，少到路邊亮相，但駝鹿愛吃水草，因而水草繁茂的湖畔可能發現蹤影。

騾鹿(Mule Deer)
有著像騾子的大耳朵

騾鹿因兩只像騾子的大耳朵獲名，水汪汪大眼睛不時盯著人瞧，像是防備，更帶幾分好奇。騾鹿與白尾鹿尺寸、毛色相當，最能分辨差異的特徵在尾巴。騾鹿尾巴宛若白色大毛筆，筆尖還蘸著黑墨汁；白尾鹿的白尾反而不容易看到，只有小鹿受驚翹起尾巴奔逃時，才突顯尾巴的白毛。

山羊(Mountain Goat)
下山只為舔食礦物質

山羊全身長長的白毛配上一對光滑黑角，公羊、母羊一樣打扮，只有靠黏在母羊腳邊的小羊，區分山羊性別。高山懸崖是山羊的天然護衛，雪崩、落石及飢荒反而是山羊天敵，偶爾金鷹也會衝向懸崖奪走小羔羊。與馬鹿、大角羊相較，山羊較孤僻，只在需要舔食路邊礦物質及鹽時才下山。

出沒 傑士伯南邊37公里的冰原景觀道路邊及冰原北邊的山瓦普塔峽谷(Sunwapta Gorge)，庫特尼國家公園近黑克特峽谷(Hector Gorge)的渥道山(Wardle Mountain)是山羊較常出沒的地區。

鹿角年年汰新，羊角透露年齡祕密

中文的「角」，無論羊角、鹿角聽起沒差別，但英文的羊角稱「Horn」，鹿角卻稱「Antler」。兩者的差別在於前者為永久性，後者可脫落換新。洛磯山常見大角羊，大角羊的角就是從娘胎出來的那一付，隨著年齡長大，角上的刻痕可以顯示年齡。洛磯山也常見馬鹿，那鹿角就年年更換。

基本上，鹿科只有雄鹿長角。夏季行走洛磯山中，偶爾會遇見雄馬鹿頭頂大叉角，忙著埋頭進食，毫不理會一旁興奮的遊客。

進入秋天，壯碩的雄鹿已經無暇進食，頭頂的大叉角要向母鹿顯示身強體壯，向其他公鹿耀武揚威以爭取交配權。通常，一頭雄壯的公鹿周圍會有成群妻妾，遊客要膽敢進入牠的領域，肯定遭到追殺。交配季節過後，雄鹿的大叉角失去功能，也就脫落廢棄。美國黃石公園南邊的傑克森(Jackson)小鎮公園，四面都有鹿角拱門，即是收集脫落的馬鹿角搭建。

但是，替聖誕老人拉車的馴鹿(Reindeer)卻是公、母都長角，推測可能是皮毛太過保暖，需要長角幫忙散熱。野生馴鹿稱作Caribou，路旁的告示顯示，洛磯山中也有過路的野馴鹿群，可惜不容易看見。

黑熊(Black Bear)
最愛吃水牛莓

黑熊體型較灰熊小，臉部比較多線條，背部不像灰熊隆起一團肌肉；稱作黑熊，黑熊皮毛不一定黑，有時也偏紅棕色。母熊3～6歲間成熟，隔年夏天交配一次，懷胎7個月，冬眠時期小熊在洞裡出生。4月間從冬眠醒來，黑熊常在最早融雪的谷地路邊覓食，野草、樹根、塊莖都吃，黑熊毫不偏食；夏天森林邊緣的水牛莓成為黑熊最主要食物，馬林湖路、冰原景觀道路邊的莓果叢，經常發現黑熊蹤影。

 出沒 馬林湖路、冰原景觀道路邊的莓果叢。

灰熊(Grizzly Bear)
無所不吃，吃素也行

灰熊活動範圍較黑熊大，冬天卻不像黑熊專心冬眠，偶爾會出洞覓食充飢。雖是肉食動物，但迫於形勢，洛磯山上灰熊也無所不吃，而且大多素食。灰熊有較長的爪，得以挖掘塊莖或捕捉洞裡小哺乳動物，隆起的背肌也提供灰熊捕殺大哺乳動物的動力。灰熊5～7歲成熟後，每2、3年才交配一次，每次一、兩頭小熊，還得跟在身邊2、3年。

出沒 沿冰原景觀大道的沙斯卡奇旺和山瓦普塔河谷，較有機會看到灰熊。

獨自遇到熊怎麼辦？ 玩家充電

坐在路邊車陣裡和一堆人一起看熊，當然熱鬧、刺激又有趣。但是，單獨走在步道上，一頭大黑熊突然出現；或是露營夜晚醒來，帳外熊影幢幢的話……熱鬧、刺激、有趣的感覺瞬間煙消雲散，變成恐怖、恐怖，恐怖！

如何避免與熊不期而遇？

國家公園園警(Warden)建議：

- **不時拍手、唱歌、大叫**：讓熊知道有人路過；熊通常會避開人。
- **利用日間行走步道**：遵循既有步道，避免單獨行動。
- **適當儲藏食物、化妝品，處理垃圾**：露營煮食地點，宜與營帳保持相當距離。避免穿著煮食衣服入營帳，以免未散的食物氣味提供熊覓食線索。
- **發現蹤跡立刻離開**：發現新鮮的熊爪印、糞便、新掘的土壤或動物屍體，最好立即離開附近地區。

如果不巧遇上了熊？

- **保持冷靜**：停止動作但小聲說話，讓熊知道你與獵物不同；然後緩緩後退，或等熊先離去才走開。尖聲驚叫或拔腿奔逃只會引起熊更大興趣。記得！熊是肉食動物，雖然洛磯山上的熊迫於環境大多吃素！

如果熊準備攻擊你？

- **裝死還是還手呢**？假若攻擊是因為受驚自衛，面朝下躺下，用手護頭頸裝死，讓熊減輕威脅感；假若熊撲上來開始攻擊，立即還手，讓熊知道獵物並不容易到手，最好知難而退。

玩樂篇

洛磯山鼠輩(Rodents)
活蹦亂跳處處得見

加拿大洛磯山幾乎處處得見鼠輩,紅松鼠、小栗鼠、金毛地鼠、哥倫比亞地鼠最活躍。

紅松鼠(Red Squirrel)

經常隱身松杉枝椏間覓食,搖動的樹枝及滿地狼籍的果骸卻洩露牠的行蹤。

小栗鼠(Least Chipmunk)

和金毛地鼠很像,身上都有條紋裝飾,也都喜歡住在水畔石堆,不仔細看還真難分辨誰是誰。其實小栗鼠身材最迷你,條飾會從鼻尖一直延伸到尾巴。

金毛地鼠(Golden-mantled Ground Squirrel)

體型稍大,條飾只從尾巴到頸後,彷彿刻意描繪的白眼圈讓眼睛更大、更圓。

哥倫比亞地鼠(Columbian Ground Squirrel)

體型更大,喜歡在草地作窩,將草地挖得千瘡百孔,進進出出追逐嬉戲,或是直挺挺的在洞口站崗,一有人走進就高聲吹口哨示警。

灰毛土撥鼠(Hoary Marmot)

灰毛土撥鼠也會吹口哨,傑士伯國家公園的口哨山(The Whistlers)就因牠得名。身材比其他鼠輩都大,但灰毛土撥鼠卻真是「膽小如鼠」。一旦出洞,必定先左顧右盼,然後再立直身體檢視周圍環境,確定四下無人,才一點點往前走,一面吃草,一面還忙著抬頭警戒,只要有絲毫風吹草動,立即飛速回洞。

鼠兔(Pika)

鼠兔是兔,乍看更像鼠輩家族成員,身材比小栗鼠稍大,跑跳石堆間也似一溜煙,還會吹哨示警;但是牠飲食習慣如兔,食草後再吃排出的糞便,一點也不浪費食物。夢蓮湖畔石堆間最易見到鼠兔,入秋時節尤其忙碌;由於鼠兔不冬眠,因此要儲備足夠過多食物。

1.紅松鼠/2.小栗鼠/3.金毛地鼠/4.哥倫比亞地鼠/5.灰毛土撥鼠/6.鼠兔

烏鴉家族(Corvus)
長年守在洛磯山上掠食

鴨、雁夏天愛用洛磯山的池塘和小湖避暑,金鷹春秋兩季路過班芙遷徙,只有烏鴉家族長年守在洛磯山上,大烏鴉(Raven)、灰噪鴉(Gray Jay)、克拉克星鴉(Clark's Nutcracker)及黑嘴鵲(Black-Billed magpie)不時出現。

大烏鴉隨遇而安也無所不吃,最容易生存,全身漆黑其貌不揚,大嗓門卻讓人無法忽視。原住民有說不完的大烏鴉傳奇故事,但一拐一拐走在洛磯山間的大烏鴉卻一點也不神奇,唯一能相信的是大烏鴉能用言語傳播消息,只要發現野生動物屍體,很快就會見到成群大烏鴉聚集。灰噪鴉與克拉克星鴉外表相似,以美西早期探險家威廉克拉克(William Clark)命名的星鴉身材較胖,灰臉、黑喙,長喙特別為撿食松子或蛙蟲設計;灰噪鴉小巧,臉毛較白、短喙,比克拉克星鴉安靜,但兩種鴉對野餐桌上的食物同樣感興趣,星鴉甚至大膽地掠食遊客手上食物。黑嘴鵲最特別的是長過身體的尾翼,翩然落地後,黑嘴鵲塗抹了藍珠光的尾翼更炫。

▲ 大烏鴉

▲ 燕子

▲ 灰噪鴉

▲ 黑嘴鵲

▲ 克拉克星鴉

觀賞動物引發大塞車

「Jam」可以是果醬，但也可以解釋為「擁擠」或「堵塞」。

加拿大洛磯山上，道路堵塞多半由觀賞野生動物引起，因此通稱「動物堵塞」(Animal Jams)。

野生動物是加拿大洛磯山吸引遊客的主要元素之一，當黑熊媽媽帶著小熊出現在公路邊時，遊客興奮程度絕不亞於踏上阿塔巴斯卡冰川。眾人紛紛停車爭睹黑熊風采或攝影留念，不知不覺就形成一長串車陣；路過的駕駛當然心生好奇，也不知不覺地放慢車速探究，道路頓時堵塞，一般稱為「熊堵塞」(Bear Jam)。公園裡馬鹿、大角羊也不少，因此也發生「馬鹿堵塞」、「大角羊堵塞」。有趣的是，道路堵塞的長短程度，與動物露面的頻率有關，看馬鹿的車隊一定短於大角羊，最長的「動物堵塞」當然是觀賞黑熊或灰熊的車陣。

▲ 黑熊

野生動物也有專用路橋！？

是隧洞，為什麼不見山擋路？是路橋，為什麼雜草叢生不見人車通行？原來這是加拿大橫貫公路(1號高速路)上架設的野生動物專用路橋，讓動物不必冒生命危險過馬路！

在自然生態圈中，野生動物多有天敵；洛磯山國家公園野生動物喪命的最大原因卻是發生車禍。加拿大橫貫公路是世界最長的高速公路之一，通過班芙國家公園的一段雖然不長，但是交通繁忙。為保護野生動物，在班芙國家公園東門到卑詩省界的1號高速路沿線道路，兩邊都設有鐵絲網，避免動物過馬路，並設置38處地下道(Underpass)及6座路橋(Overpass)，專供動物通行。

1996年，研究單位開始觀察記錄動物使用地下道及路橋的行為結果發現，到2012年3月，11種大型哺乳動物共使用202,319次。觀察也發現，馬鹿最快習慣使用保護設施，甚至在興建中就迫不及待通過；灰熊最遲疑，需要5年觀察期。

▲ 白尾鹿

▲ 山羊

▲ 灰毛土撥鼠

黃刀鎮追尋北極光

極光是太陽風與地球磁場相互作用的結果

太陽表面的高溫，使得帶電粒子脫離太陽引力四射，造成太陽風。當太陽風中的帶電粒子遇上地球磁場，一部分會被迫沿著磁場線（Field line）集中到南北兩極；當粒子進入極地高層的大氣圈，與大氣中的原子和分子碰撞時會增加能量，而在釋放能量的放電還原過程中，形成極光。

絢麗多彩的極光，變幻無窮

因此，極光只能在地球的南北極，大約67緯度的環帶狀內被看見，北半球觀察到的極光稱北極光，南半球的稱南極光。由於高層大氣是由多種氣體組成的，不同元素的氣體受撞擊後所發出的光色不一樣，並且會因發生的高度產生變化。例如氧在離地面100公里被激後發出黃綠光，300公里則為紅光；氮被激後發出紫光，氬激後發出藍光，因而極光就顯得絢麗多彩，變幻無窮。

賞極光的好去處及基本條件

冰島、加拿大西北領地的黃刀鎮（Yellowknife）及美國阿拉斯加的費爾班克（Fairbanks），是坊間旅行社招攬觀賞北極光行程的目的地。無論前往何處觀賞北極光，基本條件是要有清朗及漆黑的天幕作背景，因此最好的季節可能在春分前後；而最佳時刻為晚上9時到清晨3時，而且要儘量避免滿月。

北極光的強度通常以行星指標（KP index）顯示，從0～9，數字越高越強，顏色及形狀變化也越多。而太陽黑子最活躍的高峰（Solar Maximum），極光也最頻繁精采；高峰大約11年一周期，最近的一次在2025年。

玩樂篇

玩家充電站

極光預報及相關資訊

阿拉斯加大學費爾班克校區

提供北極光預報資訊，可以預測27天到1小時的北極光狀況。

🌐 www.gi.alaska.edu/auroraforecast

阿拉斯加大學費爾班克校區

專門監測黃刀鎮的夜空，並於8月中到5月初，每天提供北極光預測。

🌐 www.astronomynorth/auroraforecast

加拿大黃刀鎮

面積不大，因原住民以銅製工具刀而獲名；附近也發現金礦及鑽石礦。鎮上數家經營北極光行程的旅行社，一般都在11月中到4月初營運。4天3夜或3天2夜的套裝行程(Package)，大抵包含夜賞北極光，狗拉雪橇、大奴湖冰釣，參觀博物館，並提供防寒的衣、褲、手套及鞋；也可代訂旅館。詳情查詢：

🌐 www.yellowknife.ca
🌐 www.auroravillage.com
🌐 www.beckskennels
🌐 www.yellowknifetours.com
🌐 www.northstaradventures.ca

▲ 冰釣

▲ 狗拉雪橇

▲ 雪上摩托車

▲ 黃刀鎮

洛磯山城市漫步
卡加利 Calgary

通往加拿大洛磯山的門戶城市

卡加利是通往加拿大洛磯山的門戶城市,位於弓河與艾爾波河(Elbow River)交會口。一萬多年前只有原住民紮營漁獵。19世紀中葉,皮毛商與威士忌酒商進入,破壞原有秩序,不時和原住民發生衝突。1875年,政府派遣西北騎警(North West Mounted Police)前往維持治安,騎警於原住民紮營舊址建築城堡,並以蘇格蘭小鎮卡加利命名為卡加利堡(Fort Calgary)。

卡加利市區不大,步行即可遊覽市中心及中國城。市區新老建築交錯,砂岩門面是1886年大火以後重建的老建築,連雲的玻璃帷幕門面炫耀著石油發跡後的卡加利。

▲卡加利堡

http www.tourismcalgary.com ➡ 見P.40

▲卡加利特有的人行天橋「+15」

▲馬鞍室內體育場

最特別的是，城市大樓由一段段人行天橋(Sky-walk)連接。卡加利稱人行天橋「+15」，因為天橋高於地面15英尺(約4.5公尺)；天橋總長達11英里(18公里)，成為世界最長的人行天橋，也是卡加利一景。

卡加利時區

卡加利在山區時區(Mountain Time Zone)，時間比溫哥華快1小時。

◀ 第8街步行街

卡加利氣候

基本是大陸型氣候，但卡加利氣候受城市海拔1,048米及接近洛磯山的地理位置影響。冬季乾冷，但偶爾越過洛磯山的翻山風(Chinook)，會在幾小時內將溫度提升攝氏20度。夏天為雨季，日夜溫差較大。

加卡利全年每月的平均溫度

(攝氏 / 資料來源：www.theweathernetwork.com)

月分	1月	2月	3月	4月	5月	6月
溫度	-8.9	-6.1	-1.9	4.6	9.8	13.8
月分	7月	8月	9月	10月	11月	12月
溫度	16.2	15.6	10.8	5.4	-3.1	-7.4

中國城 (Chinatown)
鐵路與華人歷史軌跡

1884年加拿大太平洋鐵路火車開進卡加利，帶來更多人口，卡加利堡西邊、如今的第八街附近，發展成卡加利市中心，並逐步擴展，城市規模漸具。華人在市中心北邊自成聚落，中國城同時發展。

鐵路工程竣工後，原來協助興建鐵路的華工頓時失業，也無能力返鄉；移民法又禁止親屬移民，流落卡加利的華工於是聚集在第九街與中央街(Centre St.)一帶，從事飯館、洗衣等勞力密集行業，也經營雜貨、菸草店，或種植蔬果販售維生。

傳統公園(Heritage Park)
重現拓荒時期的西部小鎮風貌

卡加利市區南邊的傳統公園，是縮影1860～1950年間當地生活的歷史村落，鮮活地展現皮毛商活躍於加拿大西部時期、鐵路未開通前聚落及1910年代西部小鎮，讓人經歷也感染加拿大西部拓荒精神；從高河(High River)搬到傳統公園的榮昌洗衣店(Wing Chong Laundry)可以見到鐵路竣工後華人生活一斑。

中國城

🡆 步行，介於3 Ave SE(北)，4 Ave SW(南)，1 St SE(東)，Centre St(西)之間的區塊

傳統公園

🌐 www.heritagepark.ca
✉ 1900 Heritage Dr SW, Calgary
🡆 公車，輕軌紅線Heritage Station下車後轉搭園區接駁車

7月牛仔競賽
- http www.calgarystampede.com
- ✉ 1410 Olympic Way SE, Calgary
- ➡ 公車，輕軌紅線(Crowfoot-Somerset)Victoria Park及Erlton兩站

卡加利塔
- http www.calgarytower.com
- ✉ 101-9Ave SW, Calgary
- $ 上網購票：$19(13～64歲)，$17(65歲以上，$9(4～12歲)；現場購票：$21/$19/$10 +稅
- 🕘 9～5月10:00～21:00
  6～8月10:00～22:00
- 休 聖誕節
- ➡ 步行

7月牛仔競賽(Stampede)
卡加利年度最盛大慶會

華人自力營生之際，卡加利主要經濟來源爲牧場與肉類屠宰包裝，直到1914、1947年，南北邊分別發現石油，卡加利搖身一變成爲高樓連雲的工業都市。但卡加利居民並未忘記原來賴以維生的農牧業，1912年以來，每年7月舉行爲時10天的農牧展及篷車、牛仔競賽，仍然是卡加利年度最盛大慶會。

▲牛仔競技大賽總部

▲牛仔節慶場址

卡加利塔(Calgary Tower)
高空觀賞美景

位於市中心的卡加利塔，自1968年夏天開放以來，一直是卡加利地標。儘管在世界高建築排名中僅略勝於西雅圖太空針塔(Space Needle)，乘電梯登上190公尺塔頂，已在海拔1,228公尺以上。站在觀景台(Observation Desk)透過腳下玻璃地板觀看，市區盡在眼底；抬頭舉目，城市之外是草原和洛磯山脈。

▲卡加利塔

▲卡加利城市鳥瞰

奧林匹克公園、奧林匹克廣場
(Canada Olympic Park、Olympic Plaza)
加拿大冬季奧運會舉辦地

雖然卡加利塔是市中心地標，但是卡加利的最高點不在高塔，而在市區西北邊緣的加拿大奧林匹克公園高台。1988年，第十五屆冬季奧運聖火曾在此點燃，各國好手風雲際會，將卡加利的名字傳播到世界各地；而今冬日滑雪道仍在使用，聖火台已冷，旗幟依然隨風招展。

而在市區市政府前的奧林匹克廣場（Olympic Plaza），當年是冬奧頒獎儀式的場地，而今為居民休閒的公園；冬天噴泉水池結冰，變成室外溜冰場，更洋溢著溜冰孩童的歡笑聲。

奧林匹克公園
- 169 Cnada Olympic Rd, SW
- 自駕，位於1號高速公路邊，往來洛磯山國家公園必經，無公車

奧林匹克廣場
- 介於 7 Ave SE(北)，9Ave SE(南)，Macleod Trail (東)，1St SE(西)的區塊
- 輕軌City Hall 站

第8街步行街
居民會晤及購物的老街

夾在高樓間的第8街毫不耀眼，刻意保留的砂岩建築卻透露老街的地位。卡加利市區就從第8街開始發展，而今兩旁餐館、咖啡廳、小商店錯落，漫步老街還能保持一份閒情。

洛磯山城市漫步
班芙 Banff

觀光小鎮，山中傳奇

班芙鎮群山環繞，卡斯喀山(Cascade Mountain)永遠是主街班芙街(Banff Ave.)忠實的靠背。藍道山(Mount Rundle)有弓河陪襯，已造就班芙風景點，黃昏時分更愛投影在朱砂湖(Vermilion Lakes)，刻意組成班芙國家公園的風景片。弓河穿透藍道山分割出隧道山(Tunnel Mountain)。海拔1,692公尺的隧道山看在原住民眼裡像一頭臥睡的水牛，因而也稱作臥牛山。

httpwww.banff.ca
www.bannflakelouise.com

📧 位於卡加利以西128公里的加拿大橫貫公路(1號高速公路)南邊。高速公路有兩處出口，分別沿Mount Norquay Road及Banff Avenue進入小鎮中心

➡️ 為方便觀光客，班芙鎮提供遊覽公車。公車都從鎮中心出發。路線、營運時間及票價，請見P.63

▲藍道山有弓河陪襯，是班芙一景

路線	景點	營運時間
Tunnel Mountain(藍線)	班芙城堡旅館	06:15～23:30
Sulphur Mountain(紅線)	硫磺山溫泉及纜車	06:15～23:30
Canmore(綠線)	班芙←→坎莫爾	平日 06:00～23:00 週末 12:00～20:00
Cave and Basin(黃線)	洞穴與盆地、硫磺山溫泉及纜車	週五～日假日

▲班芙公車轉運站，轉運站機器可購買公車派司

▲往露易絲湖快捷車

▲卡斯喀山是班芙街忠實的靠背

弓河瀑布(Bow Falls)
弓河的即興演出

弓河河水來自弓冰川融冰造成的弓湖，從出生地開始，弓河一直靜靜地流動，為洛磯山增添幾分靈氣。流過班芙的弓河橋後，綠水突然加快腳步變成白淌，急吼吼地滾下河床，造成弓河瀑布。

激情之後，弓河與史潑瑞河匯流，才又回復一貫的淡定，繼續向東流去。而弓河瀑布邊，有人仍然津津樂道《大江東去》的故事，有人拾階而上俯視瀑布也回眸林間的城堡旅館，有人自兩河會流處放皮艇隨波逐流；馬鹿最愛流連河邊高爾夫球場的草地，偶爾也見騾鹿飲水河邊。

上溫泉池(Upper Hot Springs Pool)
地理位置最高的溫泉

加拿大政府經營「洞穴與盆地」同時，也授權太平洋鐵路公司旗下的班芙溫泉旅館，將泉水引入旅館招徠遊客，鐵路公司醫生布雷特（Dr. R. G. Brett）跟著沾光獲得特許，在班芙發展溫泉療養院（Brett's Sanitarium）、旅館、醫院多重企業，更將泉水裝瓶出售。1901年，布雷特的旅館付諸一炬，政府收回權利，自行發展「上溫泉池」。

上溫泉池由國家公園經營，位於在海拔1,585公尺，是加拿大地理位置最高的溫泉。泉水溫度保持在攝氏37～40度之間，水中含硫酸鹽、鈣、重炭酸鹽、鎂及鈉等礦物質，帶著淡淡的硫磺味。溫泉池在室外，泡湯時可以一面欣賞山景。但因為池不大，很多時候顯得擁擠，有人形容像是「煮了一鍋水餃」。

弓河瀑布
- ➡️ **自駕**：從市中心Banff Avenue南行，跨過弓河橋後左轉Spray Avenue，跟隨Bow Falls指標左轉到弓河邊停車場
- **班芙公車**：2號線到路底的班芙溫泉旅館，再從旅館旁的階梯下行到弓河畔

上溫泉池
- 🌐 www.hotsprings.ca
- 💲 $16.5(18～64歲)，$14.25(65歲以上)，$14.25(3～17歲)，$53(家庭票2大2小)。另有泳衣、浴巾、保管箱出租
- 🕙 10:00～22:00，10月中到10月底年度維修關閉
- ➡️ 自駕，從市中心Banff Ave.南行，跨過弓河橋後左轉Spray Ave.，遇Mountain Ave.右轉，未到纜車站前再右轉。或搭乘班芙公車1號線到終點站

洞穴與盆地歷史古蹟
🌐 www.pc.gc.ca
💲 $8.5(18～64歲)，$7(65
歲以上)。持有發現派司
(見P.163)免費
🕐 5/15～10/15每天09:30
～17:00，10/16～5/14週
四～一11:00～17:00
🚗 自駕，從市中心Banff Ave.
南行，跨過弓河橋後右
轉，沿Cave Avenue走到
底。5/17～9/15每天，其
餘季節週末、假日可從市
中心搭乘班芙4號線公車
前往

1.洞穴與盆地／2.3名修築
鐵路工人以枯木爬進洞穴發
現溫泉／3.最初被發現的溫
泉仍然湧出熱水

洞穴與盆地歷史古蹟
(Cave and Basin National Historic Site)
國家公園由此誕生

班芙地表的雪水由地層裂縫滲透地心，經地熱加溫增壓後，再從硫磺山(Sulphur Mountain)滲出，沿路溶解的礦物質含有治病功能。太平洋鐵路公司看到班芙溫泉的「錢」景，政府也希望藉由溫泉開發，能補貼興建鐵路造成的財政赤字，於是在鐵路公司鼓吹與配合下，加拿大政府開始經營溫泉洞穴，與鄰近泉水湧出的盆地。

最初遊客也經由木梯入洞洗浴溫泉；隨著遊人增加，洞穴與盆地陸續擴充，成為加拿大最大泳池，建築模式也是當時的典範。但溫泉富含的鈣質逐漸凝結，產生的土花(Tufa)擠裂了泳池牆地；池水加氯消毒，製造了有害健康的沉澱物，「洞穴與盆地」不得不暫停營業。雖然在國家公園慶祝百周年之際修復重開，老問題依然存在，水溫也下降到攝氏30度左右，遊客逐漸失去興趣，此外，每年只開放暑期3個月，收入有限，勉強支撐到1992年，溫泉泳池永遠關閉。

雖然「洞穴與盆地」溫泉泳池不再營業，舊址卻成為國家歷史古蹟，繼續開放供遊客參觀。古蹟建築內的小溫泉池生長著特殊的蝸牛，建築外流淌的溫泉也讓附近沼澤冬季免於冰凍，500公尺的沼澤木板步道(Marsh Boardwalk)，可以沿路觀察洛磯山濕地生態。

硫磺山纜車
(Sulphur Mountain Gondola)
班芙群峰盡收眼底

　　硫磺山纜車是加拿大僅有的雙向纜車。8分鐘內可爬升698公尺達到海拔2,281公尺山頂。山頂上有1公里長的木板步道通往老氣象站，沿途可能遇見大角羊、灰毛土撥鼠或金毛地鼠。圍著瞭望甲板遠眺，360度視野所及，不僅班芙群峰盡收眼底，還可看見弓河一水如帶，蜿蜒過市鎮。

硫磺山纜車

🌐 www.explorerockies.com/banff-gondola

💲 沒有固定價格，成人大約在$65～79之間，6～10月較貴，週末最貴。5歲以下孩童免費，但仍要索票。由於纜車、迷你旺卡湖遊船、哥倫比亞冰原大雪車(Columbia Icefield Adventure)及天空步道(Glacier Skywalk)，馬林湖遊船，都由Pursuit公司經營，因此可以選擇不一樣的組合，比一項項付費節省不少

🕐 6/28～9/4 08:00～22:00
9/5～10/9 08:00～21:00

➡ 開車從市中心Banff Avenue南行，跨過弓河橋後左轉Spray Avenue，遇Mountain Avenue右轉走到底。或搭乘班芙公車1號線到終點站

1.從硫磺山頂俯視，班芙盡在眼底 / **2.**硫磺山纜車

駕車小徑兜風

暢遊班芙景觀小路
邊開邊玩，沿途欣賞美景

可沿湖兜風，一路欣賞山光水色，一面期待與野生動物的不期而遇，春秋兩季也可能見到過境的候鳥。

隧道山道(Tunnel Mountain Drive)
瀑布、城堡、巫毒石

隧道山路一面靠山一面沿河，在驚喜點(Surprise Point)停車，腳下弓河瀑布(Bow Falls)步伐急促地趕赴史潑瑞河(Spray River)約會；一水之隔，班芙溫泉旅館聳立林間，彷若獨霸一方的歐洲城堡。據說，1953年影星瑪麗蓮夢露(Marilyn Monroe)曾經住宿班芙溫泉旅館拍攝《大江東去》(River of No Return)，一次在弓河附近拍片時不慎扭傷腳，推夢露輪椅的任務，頓時成為旅館最搶手的工作。

轉入隧道山路，路旁的巫毒石(The Hoodoos)倚山而立；原住民相信巫毒石是變成石柱的巨人，曉伏夜出襲擊過客；或是惡煞寄宿的帳篷，因此敬而遠之。

隧道山道

➡ 自駕，從鎮中心沿Buffalo Avenue前行，接上Tunnel Mountain Drive，緣山上行，轉入Tunnel Mountain Road下山

玩樂篇

迷你汪卡湖環湖路 (Lake Minnewanka Road)
洛磯山脈的第一大湖

「**迷**你汪卡」的原住民語意即「湖中水怪」，原住民相信湖裡住了一頭半人半魚的水怪，因此他們不敢在湖中游泳、泛舟。

進入環湖路約3公里，班克黑礦場（Bankhead Mine）聚落廢墟猶存，1.1公里的步道，帶人走進歷史。據說，班克黑全盛時期還有60名華人加入採礦，華工並聚集成一處小中國城。

續行，迷你汪卡湖出現在眼前。大湖長24公里，深142公尺，是加拿大洛磯山脈最大、最深的湖。其實，迷你汪卡湖已不是天然湖，而是個大水壩。1912、1942年2次築壩發電，將迷你汪卡湖水位一再提高，淹沒湖畔度假村，湖面也更加寬廣。

朱砂湖道(Vermilion Lakes Drive)
黃昏景色最動人

位於班芙鎮邊緣的朱砂湖道，緊貼著1號公路劃出一條4.8公里的湖畔風景線。夏天鴨雁喜歡聚集朱砂湖戲水；而在黃昏時分若遇上紅霞滿天，水映天光呈現朱砂色，加上藍道山的倒影，景色更是動人。一萬年前，朱砂湖原是一個大湖，而今已被水草、灌木叢分隔成三個湖，靠著融雪時弓河溢出的水及硫磺山滲入的少量泉水維持。

迷你汪卡湖環湖路
⬅ 自駕，從Tunnel Mountain Road下山後，遇Banff Avenue右轉前行，過1號高速路橋洞即進入迷你汪卡湖環湖路。沿環湖路兜一圈後，可再沿Banff Avenue回鎮中心，或上1號高速路往東到卡加利，往西到露易絲湖

朱砂湖道
⬅ 自駕，從鎮中心沿Mount Norquay向1號高速路方向行進，左轉Vermilion Lake Drive

▼ 朱砂湖面有藍道山倒影

洛磯山城市漫步
傑士伯 Jasper

鐵路運輸與旅遊為經濟命脈

　　萬兩千年前冰川退去後，原住民就已經進入傑士伯地區採集漁獵。19世紀初，皮貨商經由阿塔巴斯卡及黃頭隘口(Yellowhead Pass)翻越洛磯山，從事皮毛貿易。19世紀中期皮毛生意沒落，傑士伯也逐漸沉寂。往後到20世紀初期，只有一些拓荒、探險者涉足傑士伯。

　　20世紀初，隨著鐵路興建帶來遊客，促進城鎮經濟發展。今天的傑士伯依然以鐵路運輸和旅遊為經濟命脈，康納特(Connaught Drive)及派翠西亞(Patricia St)兩條主要街道，旅館、餐廳、紀念品店錯落；1913年興建的第一任公園園長住所，已成為訪客中心；合併兩條鐵路的加拿大國鐵車站，人來人往最是熱鬧。

🌐 www.jasper.travel
✉ 冰原景觀道路(Icefields　Parkway，93號公路)與黃頭高速路(Yellowhead Highway，16號公路)交會口
➡ 傑士伯鎮中心就幾條街，步行即可走遍，周邊景點必須自駕

玩樂篇

派翠西亞及金字塔湖
(Patricia Lake & Pyramid Lake)
水光瀲灩的湖泊美景

　傑士伯國家公園以湖泊取勝，園內逾800個大小湖泊，鎮中心方圓15公里就有近60處湖泊。傑士伯鎮的金字塔湖路通往派翠西亞湖及金字塔湖。沿途木棉、白楊、梁木松多已從百年前大火廢墟長成森林，秋日山坡湖濱顫動的金黃，彷若林木手舞足蹈慶祝浴火重生。金字塔山及森林喜歡投影的湖心，晨霧也愛徘徊；清晨，湖光多隱藏在霧幕中，俟陽光驅走霧水，水鳥清亮的歌唱便響徹湖間，野鴨晨泳掀動水波，紊亂湖中投影，也喚醒了湖。湖醒了，更見水光瀲灩。

派翠西亞湖及金字塔湖
◉ 自駕，從傑士伯鎮中心取道Pyramid Lake Road上行5公里即抵派翠西亞湖，續行2公里到達金字塔湖

傑士伯纜車與口哨山
🅗 傑士伯纜車www.jasperskytram.com
◉ 自駕，出傑士伯鎮沿冰原景觀道路南行2.5公里，右轉入口哨山路(Whistlers Road)續行4公里

▲金字塔湖

▲派翠西亞湖

傑士伯纜車與口哨山
(Jasper Tramway & Whistlers Mountain)
登山攬勝風景如畫

　傑士伯纜車，7分鐘的車程上升936公尺，越過林線，幾乎達到口哨山頂。從纜車站俯視，阿塔巴斯卡河像一條細線，悠悠繞過傑士伯鎮，市鎮外圍的伊迪絲湖(Edith Lake)、安耐特湖(Annette Lake)及傑士伯國家公園旅館(Jasper Park Lodge)邊的美碧湖(Lac Beauvert)，都縮成一泓小水潭。沿纜車站步道上行1.4公里，即抵達海拔2,464公尺的山頂。

　口哨山以愛用哨聲傳播消息的灰毛土撥鼠命名。山頂多為冰雪覆蓋，冰雪滲透石縫一點點剝蝕的石礫，成為高山帶植物僅有的土壤，有限日照及冷風肆虐，直讓植物抬不起頭，只能匍匐護衛原已稀薄的土地；即使野花願意用顏色裝點夏日，也得匆匆來去以保存精力，難怪灰毛土撥鼠情願長睡，每年冬眠9個月。

洛磯山景觀道路
弓河谷景觀道路
Bow Valley Parkway 1 A

悠閒欣賞弓河山水

弓河谷景觀道路與加拿大橫貫公路平行，卻避開主要公路的繁忙，驅車遊覽心境更悠閒，也更接近森林，並有更多機會能夠遇見野生動物。

▶ 自駕，從班芙沿1號公路西行約5.6公里，弓河谷景觀道路叉出，與1號路平行西向51公里到露易絲湖。弓河谷景觀道路於1號公路開通後多以1A高速路代稱，直到1986年道路設施改善，才正式定名弓河谷景觀道路

5.5 km 驟蹄野餐區 (Muleshoe Picnic Area)
遍地綠茵綴滿野花

鋸背山（Sawback Range）燒成焦碳的樹林還記錄著1993年火災，與遍地綠茵、綴滿野花的景色構成死與生的強烈對比。鋸背山火災，是人為故意縱火，稱為處方火（Prescribed Burn），大火燒開濃密老林，讓陽光透進林間；也燒掉經年累積的廢物，讓土壤重新使用；更燒去包裹松果的松脂，釋放出繁殖的種籽；森林從熄滅的煙灰中逐漸長成，花草引來覓食的野生動物，森林又恢復生氣盎然。

玩樂篇

11 km 鋸背山野餐區 (Sawback Picnic Area)
馬鹿惹禍白楊遭殃

遠看鋸背山野餐區，白楊林裡的白楊似乎全都穿上高度相當的黑靴，下車檢視才驚覺黑靴是累累疤痕。每年冬雪埋沒野草之際，馬鹿（Elk）最愛啃食白楊樹皮充飢，一啃再啃，白楊於是傷痕累累，或是日久結成黑疤，或是失去樹皮保護遭蟲害侵襲而倒地不起。班芙國家公園內1號公路沿路多處設有鐵絲網保護野生動物免於車禍；弓河景觀道路沿線，馬鹿為禍卻威脅白楊生存，國家公園管理局只好也圍起鐵絲網保護白楊。

17.7 km 江斯頓峽谷 (Johnston Canyon)
踏著棧道尋訪瀑布

江斯頓峽谷是江斯頓溪與石灰石及白雲石經年累月纏鬥的結果。8,000年前一次山崩的土石阻斷江斯頓溪出路，逼使溪水另闢蹊徑，終於切割出江斯頓峽谷。

當較易妥協的石灰石被水攻陷之際，白雲石固守，在峽谷中造成落差，7處瀑布於是形成。最近的下瀑布（Lower Falls）距離停車場1.1公里，水高30公尺的上瀑布（Upper Falls）則在2.7公里外。

踏著建築在山壁的棧道走在峽谷間，空氣因水岸的森林顯得清新，森林卻因水氣而掛滿苔蘚，腳下白中透藍的溪水潺潺，有時也因落差而腳步急促。飛濺的水氣迎面撲來時，伴隨的是下瀑布的水聲隆隆。

24.2 km 城堡山道路交會點 (Castle Junction)
沿途松林夾道

城堡山正下方的城堡山道路交會點正好在弓河谷景觀道路半途，由此處可回到1號公路，或轉往93號公路南下進入庫特尼（Kootenay）國家公園，也可以繼續前行到露易絲湖。

城堡山道路交會點到露易絲湖的弓河谷景觀道路兩旁盡是梁木松（Lodgepole Pine），梁木松因樹幹瘦高，原住民喜歡用作帳篷梁柱而名。梁木松需要依靠森林大火燒開毬果釋放種子繁殖，

加拿大太平洋鐵路鋪設到附近時的幾次火災,正好提供梁木松新陳代謝機會。繁密森林底下,小杉樹已亭亭玉立;再過幾十、幾百年,若沒大火幫忙,梁木松將失去繁殖能力,能夠忍受較少陽光、較貧瘠土壤的杉林,將是裝飾弓河谷景觀道路主力。

25.1 km 城堡山觀岩點 (Castle Cliffs Viewpoint)
觀賞挺立千萬年的城堡山

從江斯頓峽谷停車場轉出後,老是覺得城堡山擋在路中間。由白雲石及石灰石組成的城堡山,不輕易向冰雪低頭的,已挺立於洛磯山脈千萬年。1858年派勒什(Palliser)勘測隊初見城堡山時,即依山型命名;二次大戰期間,曾經更名艾森豪山(Mt. Eisenhower)以榮耀盟軍統帥艾森豪(Dwight D. Eisenhower)。據說,原訂出席更名儀式的艾森豪因高爾夫球局未散,臨時缺席,當地人便戲稱綠意盎然的最南邊山峰爲「艾森豪果嶺」;1979年城堡山又改回原名,南峰沿稱艾森豪峰(Eisenhower Peak)。

45.8 km 出口溪觀景點 (Outlet Creek Viewpoint)
絕佳的洛磯山山水畫頁

以天普山(Mount Temple)爲首的山脈出現左前方時,幾乎可以嗅到露易絲湖水的清涼。弓河景觀道路臨去秋波,在接近盡頭前優雅地轉個大彎,雪山、碧河、森林、鐵軌組合的畫面,正是洛磯山最好的寫照。1930~40年間,太平洋鐵路攝影師莫連(Nicholas Morant)透過鏡頭傳播這幅山水風景,這處出口溪(Outlet Creek)入弓河的特殊景點,因而也被稱作莫連彎(Morant's Curve)。

49.9 km 弓河谷景觀道路與白角路交會點 (Bow Valley Parkway / Whitehorn Road Junction)
弓河谷景觀道路的終點

這就是弓河谷景觀道路的終點了。右轉2公里便是白角山(Mount Whitehorn)滑雪場。夏天仍可搭乘纜車上山,居高臨下觀賞露易絲湖風光。

50.7 km 白角路與加拿大橫貫公路交會點 (Trans-Canada Highway Junction)
進入橫貫公路或露易絲湖村的轉折點

由此可以進入加拿大橫貫公路;或跨過路橋,前往露易絲湖村(Lake Louise Village)。

洛磯山景觀道路
冰原景觀道路
Icefields Parkway, 93 N

串起冰原的風景線

冰原景觀道路是世界上最美的公路之一，連接起班芙與傑士伯兩處國家公園，雪山、峽谷、冰川、碧湖、瀑布錯落分布路邊，是遊覽加拿大洛磯山不可錯失的景觀道路。

冰原景觀道路為1930年代經濟大蕭條時期的公共工程。1931年自露易絲湖和傑士伯兩邊同時開工，1939年於大彎岡(Big Bend Hill)會合，次年正式通車。這條幾乎為手工打造的道路，因沿路遍布的冰原命名。

➲ 自駕，取道加拿大橫貫公路從露易絲湖西行近3公里，銜接上北向的93號公路，即進入冰原景觀道路

1.烏鴉腳冰川／2.弓湖／3.弓冰川

36 km ─ 烏鴉腳冰川、弓湖、弓冰川 (Crowfoot Glacier、Bow Lake、Bow Glacier)
湖光總愛塗抹山影

源自瓦普塔冰原(Wapta Icefield)的弓冰川供給弓湖湖水，造就弓湖成為冰原景觀道路路邊得見的最大湖泊。湖水出口後形成弓河，弓河因沿岸生長的道格拉斯冷杉(Douglas Fir)適合製弓獲名。冬天，弓湖隱藏在冰雪裡，弓冰川也失色；夏日融雪後風平浪靜，湖光總愛繪畫山影，弓冰川隱隱透藍陪襯。除了弓冰川，附近的烏鴉腳冰川也懸掛山巔俯視弓湖；經過多年退縮，烏鴉腳三趾幾乎減成兩趾，不再趾高氣昂。

1

2

3

43 km 弓隘口、佩投湖 (Bow Pass、Peyto Lake)
冷風襲人野花遍地

佩投湖眺望台位於海拔2,069公尺的弓隘口，隘口為加拿大全年開放公路最高峰，即使盛夏，也感覺冷風襲人。背對眺望台有3條步道，最左邊返回小型車停車場，400公尺下坡，亞高山帶野花遍地；中間100公尺步道通往遊覽車停車場；右邊600公尺的林線步道（Timberline Trail），沿途解說亞高山帶植物生態。沿冰原景觀道路再往北行約3公里的路邊小停車場，可通往佩投湖步道（Peyto Lake Trail），單程2公里直下湖畔。

51 km 雪鳥冰川 (Snowbird Glacier)
宛若天使展翅

就像展翅的天使掛在山坡，覆蓋的冰雪讓羽翼雪白，腳下的冰積石透露冰川走過的蹤跡。

1.雪鳥冰川／2.佩投湖／3.水禽湖／4.渡口／5.哭牆／6.派克山脊步道

60 km 水禽湖 (Waterfowl Lakes)
碧水柔情、山勢雄偉

水禽湖分上湖（Upper Lake）、下湖（Lower Lake），湖水來自迷思塔亞河（Mistaya River）。迷思塔亞河從佩投湖出口後，挾帶的石粉一路沉澱在沿路的湖泊，到下水禽湖時所剩無幾，因此下湖水色碧綠但不突出，倒是靠著海拔3,266公尺的奇斧倫（Mount Chephren）撐腰，兼具碧水柔情和山勢雄偉。

74 km 迷思塔亞峽谷 (Mistaya Canyon)
迷思塔亞原住民語為灰熊

迷思塔亞河匯集水禽湖（Waterfowl Lakes）水，奮力在石灰石間切割出迷思塔亞峽谷後，投奔北沙斯卡奇旺河（N. Saskatchewan River）。400公尺步道可抵達架在峽谷上的木橋，見證河水辛勤刻劃的成績。「迷思塔亞」原住民語為「灰熊」，河流一度被稱為「熊溪」，但因洛磯山中

熊溪名稱普遍，1907年瑪莉謝佛（Mary Schaffer）改稱迷思塔亞河。河流與峽谷的背景，是海拔3,155公尺的沙貝克山（Mt. Sarbach）。

80 km 渡口 (The Crossing)
冰原景觀道路中繼站

迷思塔亞峽谷以後，冰原景觀道路一路下坡，跨越北沙斯卡奇旺河路橋到達渡口（The Crossing）。滾滾河水曾經是早期拓荒人馬的障礙，渡口如今成為冰原景觀道路中繼站，提供旅客飲食、住宿及冰原景觀道路僅有的加油站。經歷4億年的石英石，為挺立渡口的威爾森山（Mt. Wilson）增添光彩，也透露洛磯山最初嚮導湯姆威爾森的堅毅不拔。威爾森1881年即投身洛磯山，發現露易絲湖、翡翠湖（Emerald Lake），也最早經營嚮導行業。

109 km 哭牆 (Weeping Wall)
西拉斯山壁淚涔涔

誰在哭泣？海拔3,270公尺的西拉斯山（Cirrus Mountain）為什麼哭泣？渡口北行30公里外的西拉斯山情緒隨季節變化，似乎總在傷春悲秋。六月融雪，草木蓬勃，西拉斯山面河的山壁上卻是淚水涔涔，因而被稱為「哭牆」。夏季將盡，西拉斯山逐漸收拾淚眼，卻抹不去滿面淚痕；秋末冬初，風雪又為哭牆增添新淚，隨著氣溫下降，淚水凍結在岩壁上成為一條條冰柱，倒給攀岩人製造更刺激的運動。

113 km 大彎岡 (Big Bend)
修路工人會師於此

揮別哭牆便進入大彎岡，當年修築公路時，南北工人便會師此地。大彎岡刻意拐彎拉長了公路，短距離內還是垂直爬升425公尺。可經由1公里的步道前往觀賞班芙國家公園最高的豹瀑布（Panther Falls）。另外，次高的新娘面紗瀑布（Bridal Veil Falls, KM 113）就在山岡對面，水少時幾乎要從山壁上消失。

121 km 派克山脊步道 (Parker Ridge Trail)
沙斯卡奇旺冰川最佳觀賞點

單程2.4公里的步道，可通往沙斯卡奇旺冰川（Saskachewan Glacier）最佳觀賞點。沙斯卡奇旺冰川是發源於哥倫比亞冰原最大一支冰川，長達9公里。山脊頂端已在林線以上的高山帶，縱使每年生長季只有幾週，盛夏季節，野花還是抓緊時間展現，山羊及大角羊不時可見，老鷹則巡迴天際伺機獵食。

4

5

6

125 km 山瓦普塔隘口 (Sunwapta Pass)
兩處國家公園的分界點

山 瓦普塔隘口不但是河流流向太平洋與大西洋的分水嶺,也是亞伯達和卑詩省界;到隘口界碑以北,便離開班芙國家公園,進入傑士伯國家公園,阿塔巴斯卡山(Mount Athabasca)、冰川及哥倫比亞冰原中心(Columbia Icefield Centre)在望。

1.山瓦普塔隘口/2.隘口北面即是傑士伯公園/3.冰原中心/4.阿塔巴斯卡山/5.阿塔巴斯卡冰川/6.阿塔巴斯卡冰川及山瓦普塔湖

130 km 哥倫比亞冰原 (Columbia Icefield)
放眼盡是冰雪

從 冰原中心出發,布魯斯特(Brewster)巴士一路上行,波紋湖(Ripple Lake)滋養的綠意逐漸褪去,冷杉背對著冰川掀起的冷風,針葉全攏向一邊,宛若飄揚旗幟遽然凍結在空氣中,並僵持了數百年,目睹阿塔巴斯卡冰川前進與撤退。地質資料顯示,阿塔巴斯卡冰川1844年曾經前進到冰原中心停車場,1870年以後漸漸退縮到如今地點,沿路地標也標示出冰川退縮的歷程。巴士超

1

2

3

乘坐大雪車體驗冰川

玩家充電站

轉換大雪車後正式進入阿塔巴斯卡冰川,儘管冰雪鋪天蓋地,坐在直徑兩公尺的大輪胎上,開足了暖氣,毫不感覺冰雪冷冽。一旦置身冰川,彷彿踏進大冰窖,冰原上的冷空氣被地心引力牽引而下,逗留於冰雪間,寒風刺骨,腳下300公尺深的厚冰,更穿透數百萬年流光。很久很久以前,阿塔巴斯卡冰川所在曾經是綠意盎然的森林;很久很久以後,冰川會消失蹤影重新營造森林?還是被另一次冰川期助長,收復失去的土地?

哥倫比亞冰原探險(Columbia Icefield Adventure)
🔗 www.banffjaspercollection.com
💲 天空步道可以單獨買票遊覽,但若要搭乘大雪車,就必須購買大雪車加天空步道的聯票。聯票票價$114(15歲以上),$57(6~15歲)。另加5%。若在48小時前訂票,可有10%折扣
🕐 6月初~9月初09:00~18:00,其他季節10:00~17:00或16:00

越林線後,冷杉也失去蹤影,甫由冰川釋放的礫土更加貧瘠,苔蘚緊緊貼著土石生長,放眼除了冰雪還是冰雪,7分鐘車程,時空倒退了幾世紀。

133km 山瓦普塔河谷與天空步道 (Sunwapta Valley & Glacier Skywalk)
天空步道俯視冰川河谷

繼硫磺山纜車、哥倫比亞大雪車之後,布魯斯特公司在山瓦普塔河谷觀景點建設天空步道。400米長的橢圓形步道伸出山壁,從玻璃步道可俯視280公尺下的山瓦普塔河谷,也能更接近雪圓頂冰川。

天空步道(Columbia Icefield Skywalk)
🌐 www.banffjaspercollection.com
💲 $37(15歲以上),$19(6~15歲)。另加5%稅。若在48小時前訂票,可有10%折扣
🕐 6月初~9月初10:00~18:00或19:00,其他季節11:00~17:00

1.山瓦普塔河谷／**2.**冰川天空步道

137 km 探戈瀑布 (Tangle Falls)
跳躍於5億年岩石上的水珠

探戈瀑布不似洛磯山其他瀑布水勢洶湧，一簾簾水珠跳躍於5億年的石灰石上，更顯得輕盈。

139 km 史陶菲冰川觀景點 (Stutfield Glacier)
連綿不斷的冰川

也源自哥倫比亞冰原的史陶菲冰川，提示冰原延續不斷，冰川融雪更飛身躍下山瓦普塔河漸趨寬闊的河谷，隨著潺潺溪水流向大海。

179 km 山瓦普塔瀑布 (Sunwapta Falls)
湍流飛落成瀑布

「**山**瓦普塔」原住民語意謂「湍流」，河流上游挾帶太多土石卻顯得舉步艱難。自阿塔巴斯卡冰川腳下開始，冰川退去後留下的土石，有意無意地阻擋山瓦普塔河通路；山瓦普塔河被土石分割得支離破碎，卻拐彎抹角執意繼續行程。縱然滿目瘡痍，每年夏初，嬌羞的橡葉草（Dryas）及鮮豔的矮火草（Dwarf Fireweed），總會刻意妝扮山瓦普塔河，渲染河床成大片大片的淡黃與桃紅；夏末花朵更化成飛絮，隨風逐水散播。

離開冰原50公里後，山瓦普塔河變窄也擺脫去土石擋道，開始邁開大步奔跑，更遽然轉向，縱身躍下峽谷，投奔阿塔巴斯卡河，加入阿塔巴斯卡河與石英石的戰爭。

1.探戈瀑布／2.史陶菲冰川／3.山瓦普塔瀑布／4.阿塔巴斯卡瀑布／5.阿塔巴斯卡瀑布／6.廢河道

玩樂篇

203 km 阿塔巴斯卡瀑布 (Athabasca Falls)
河水與石英石的戰爭

阿塔巴斯卡河與石英石河床的戰爭已經持續上萬年，距離山瓦普塔瀑布24公里的阿塔巴斯卡瀑布，是廝殺最慘烈的主戰場，夏日戰鬥尤其悲壯。阿塔巴斯卡河硬生生地在石英石間切出一道峽谷，急流也逼使碎石於河床上磨出壺穴（Potholes）；漫天水霧挾雜著河水怒吼，河流似乎占了上風；就在附近，廢棄河道也記錄了阿塔巴斯卡河經歷的挫敗。阿塔巴斯卡河鬥不過頑固的石英石，只好另闢蹊徑；石頭也不全然勝利，累累傷痕，時間也無法治癒。

227 km 93號公路與93A交會 (93A Junction)
可轉入伊迪絲卡維爾山遊覽

阿塔巴斯卡瀑布所在，也是新舊冰原景觀道路交會點。如今標示93A的公路，與冰原景觀道路平行前進24公里，沿途可轉入伊迪絲卡維爾山（Mount Edith Cavell）遊覽。

233 km 傑士伯鎮(Jasper)
冰原景觀道路終點

6

洛磯山景觀道路
班芙─溫德米爾高速路
Banff-Windermere Highway, 93 S
貫穿庫特尼國家公園唯一道路

基本上，班芙─溫德米爾高速路並非為觀景而建，據說，最早提議興建公路的布魯斯(Randolph Bruce)，只希望卑詩省的溫德米爾湖區能與亞伯達省草原區連接，以方便他構想中的蘋果園果實出口。布魯斯於1923年6月30日參加了公路開通典禮，但並未落實他的蘋果園夢想。

公路沿途朱砂隘口1968年大火舊傷依稀可辨，大理石峽谷石頭與河水的爭戰還在持續；原住民不再挖掘赭土作顏料，顏料盆(Paint Pots)依然染黃赭土床；路旁偶見在樹林邊緣草地啃食的白尾鹿，在山坡路邊舔食礦物質的白山羊。翻越辛克來隘口(Sinclair Pass)，穿過鐵斑點點的鐵門隧道(Iron Gates Tunnel)，鐳溫泉(Radium Hot Springs)清澄的泉水正好洗滌僕僕風塵。

○ 自駕，班芙─溫德米爾高速路起自城堡山道路交會點(Castle Junction)，終於鐳村(Radium)，全長104公里，是加拿大在洛磯山脈修築的第一道高速路，也是貫穿庫特尼(Kootenay)國家公園唯一道路。公路翻越朱砂隘口(Vermilion Pass)，下到朱砂及庫特尼河谷地，再爬升到辛克來峰頂(Sinclair Summit)，出辛克來峽谷接上95號公路。

10.2 km 朱砂隘口 (Vermilion Pass)
班芙與庫特尼國家公園分界

朱砂隘口1913年設置的水泥碑訂定卑詩省與亞伯達省界、班芙與庫特尼國家公園分界；界碑以東，河水流經弓河、沙斯卡奇旺河入大西洋；界碑以西，河水流經朱砂河、庫特尼河，匯集哥倫比亞河入太平洋。1858年派勒什勘測隊的黑克特即跨過朱砂隘口，當時他認為隘口上坡緩慢，適合火車通行，想不到60年後，卻是由第一條公路自朱砂隘口穿越洛磯山。

17.2 km 大理石峽谷 (Marble Canyon)
7座木橋跨過大理石峽谷

哪來的大理石？不過是看起來像大理石的灰色及白色白雲石(Dolomite)。5億多年前即已形成的白雲石縱然堅硬，卻也禁不住溪水不斷磨

洗，去稜去角，透露大理石般的光滑，峽谷因而獲名。7座木橋跨過大理石峽谷，一步步追蹤峽谷走經的足跡。1萬多年前，拖昆溪（Tokumm Creek）在第一座橋外躍入朱砂河；9千多年前，拖昆溪瀑布已將溪口石床瓦解，搶占一片地盤，然後一點點滲透石縫，或以瀑布用力敲擊石床，逐漸造就深達60公尺、寬度3～18公尺、長度600公尺的峽谷。

峽谷並不全然通透，拖昆溪放棄的石塊仍然跨在河上，連接著峽谷兩壁，彷若天然石橋；橋上生長的小樹也許不知道溪水和石頭纏鬥的往事，只顧綠意盎然。

102 km 鐳溫泉 (Radium Hot Springs)
鐳元素能治病

鐳溫泉從紅牆斷層（Redwall Fault）直上地表，溫度達攝氏47.7度。鐳溫泉礦物質不多，也不帶硫磺味；水中放射性鐳元素是最大特色，溫泉也因而獲名。鐳溫泉經營權很早就由英國人史都華（Roland Stuart）取得，但他一直未採取措施積極經營。1911年，史都華邀請一位肢體麻痺的法國富翁到鐳溫泉治療，4個月後，富翁的腳居然恢復健康，史都華因此獲得資助；不過，大多數資金都被他揮霍掉了，只建了一個簡陋的水泥泳池及更衣間。1922年班芙—溫德米爾公路開通前，政府以4萬元補償史都華，將溫泉納入庫特尼國家公園。

19.7 km 赭土床 (Ochre Beds)
吸飽了紅、黃色泉水的黏土

原住民早已知道赭土床所在，認為是紅土精靈的住所。其實，赭土是吸飽了紅、黃色泉水的黏土；泉水來自赭土溪（Ochre Creek）上游的顏料盆。泉水帶來的顏色，似乎已經完全滲透入土裡，小溪像一道清流，隨著溪床起落，最終靜止在平坦的黏土上；不慎跌落在溪床上的樹幹，已被染成赭色，溪畔野草、石塊也沾上斑斑土色，朱砂河即因此獲名。

赭土是原住民的顏料 玩家充電站

原住民挖出赭土後，將黏土捏成塊，放在爐火裡烤乾，磨成粉狀，用魚油或動物脂肪攪拌成顏料，塗在身體或帳篷作裝飾。1900年代初期，曾有商人企圖以機器大量開採，運輸到卡加利販售，後來發現不敷經濟效益而放棄，甚至連機器都不願搬離。如今赭土床附近滿布鐵鏽的機器，就見證一次發財夢的幻滅。

洛磯山景觀道路
馬林湖路 Maligne Lake Road

遇見大啖莓果的黑熊

夏天驅車行走全程44公里的馬林湖路，尤其在水牛莓成熟時節，最易遇見大啖莓果的黑熊。馬林峽谷與麥迪生湖之間沿路黃花橡葉草鑲邊，棕眼蘇姍、牛眼菊媲美，洛磯山中難得見到的木百合似乎偏好這段路程，零星散落道旁與林間。

▼ 棕眼蘇姍　　　　　　▼ 木百合

➡ 自駕，出傑士伯鎮沿黃頭高速路(Yellowhead High-way)東向，右轉跨過阿塔巴斯卡河，即可銜接上馬林湖路

6 km 馬林峽谷 (Maligne Canyon)
馬林河造成的一線峽谷

1萬1千年前，阿塔巴斯卡河已切割出谷地，聲勢略遜的馬林河趕不上進度，只能懸在阿塔巴斯卡河谷側邊，以瀑布形式躍入阿塔巴斯卡河。馬林河千萬年來，天天不斷與石灰石床磨蹭，3億多歲的石灰石逐漸不支棄守，河水一點點向下挖深，終於造成一線峽谷。

行走峽谷第一到第六號橋3.7公里步道，可感覺逾萬年的馬林河勁道已經減退。距峽谷茶屋最近的一號橋邊，23公尺瀑布濺起的水霧卻正好滋潤壺穴(Potholes)裡苔蘚、蕨類甚至風帶來落地生根的小樹。

▲ 馬林峽谷

▲ 壺穴

壺穴是河水與石頭磨蹭的副產品，河水先將較弱的石面造成凹陷，再挾帶砂石磨圓打光並且擴大凹口；當峽谷加深時，壺穴便露出水面，風沙在洞裡鋪上薄土，植物欣然入住，壺穴慢慢長成懸掛峽谷中的花園。

21 km 麥迪生湖 (Medicine Lake)
河水在這裡神祕消失

回到馬林路繼續前行15公里，麥迪生湖呈現眼前。麥迪生湖蘊藏特異功能，馬林會在流經麥迪生湖時失蹤，然後在馬林峽谷現身；麥迪生湖秋末以後也會消失，直到次年夏天又再出現。原住民無法解釋這種神祕現象，認為是巫醫法術（Big Medicine），湖因而獲名。

河水神祕消失的原因 玩家充電站

原來造山運動舉起洛磯山時，谷地較脆弱的地層已經出現裂縫，再經過多年河水侵蝕，裂縫更加擴大，並連成地下河流。夏天融雪多時，湖面還能維持20公尺深度；8月後融雪減少，麥迪生湖便開始「消失」，這種現象為卡斯特(Karst)地型特徵，舉世罕見，因此聯合國教科文組織將馬林河谷列入世界自然遺產。

44 km 馬林湖 (Maligne Lake)
狹口之外別有洞天

馬林湖位於馬林湖路底，1907年瑪莉謝佛一行發現馬林湖時，看到的也是如今的湖面。但是放筏入湖，擠過湖中狹口(The Narrows)，他們卻發覺精靈島(Spirit Island)立於湖中，四周山峰環繞，湖中別有洞天。馬林湖冬天結凍，馬林湖路關閉，遊湖船只在6月底～10月初運作。

▲ 馬林湖

精靈島遊船(Spirit Island Cruises)
🔗 www.malignelake.com/spirit_island
💲 $79(15歲以上)，$40(6～15歲)。另加5%稅。若在48小時前訂票，可有10%折扣
🕐 6月初～9月底09:30～15:45 (6月底～9月初至17:45)

洛磯山私房景點
隱藏版國家公園祕境

伊迪絲卡維爾山、塔卡高瀑布

其實，傑士伯國家公園的伊迪絲卡維爾山和幽鶴國家公園的塔卡高瀑布都是公開的祕境，只是兩地交通都不容易。14.5公里長的伊迪絲卡維爾路於1920年代修築，道路既窄又曲折，只供小轎車行駛；前往塔卡高瀑布的幽鶴谷路(Yoho Valley Road) 有一道Z型轉折，觀光大巴士不容易通過，因此也限制了遊客人數。

伊迪絲卡維爾山
➲ 自駕，從傑士伯鎮中心取道冰原景觀道路南向8公里，接上93A，93A行進5公里後轉往Mt Edith-Cavell Road，盤旋上山14.5公里，抵達停車場

1.伊迪絲卡維爾山／**2.**卡維爾冰川／**3.**天使冰川

傑士伯國家公園

伊迪絲卡維爾山(Mount Edith Cavell)
白頭雪山冰川相伴

伊迪絲卡維爾山拔起3,363公尺，山頭終年積雪，原住民稱為「白魔頭」(White Ghost)；目前名稱為紀念一次大戰時協助盟軍的英國護士。

冰川曾經覆蓋到如今的停車場，19世紀末期才撤退到山間。1940年代天使冰川(Angle Glacier)與卡維爾冰川(Cavell Glacier)還曾攜手山腰，而今「天使」僅餘上半身，展翼垂掛山上；卡維爾冰川跨伏在山腳陪伴冰湖。湖裡漂浮的小冰山或是白裡透藍，或是依然頂著跌落時挾帶的灰土，都洩漏與冰川的關連。

1.6公里的冰川步道(Path of the Glacier Trail)行走在冰川殘留的堆積石上，循著冰川曾經走過的足跡探訪退隱的天使及卡維爾冰川。

❶

❷

❸

幽鶴國家公園

塔卡高瀑布(Takakkaw Falls)
飛流直下氣勢磅礴

仰望塔卡高瀑布時，腦際閃過的是李白《詠歎廬山瀑布》的詩句：「飛流直下三千尺，疑是銀河落九天」。

加拿大洛磯山不少瀑布，多有萬馬奔騰的氣勢，但都是站在高處往下看，唯獨塔卡高瀑布必須仰望，而且不能太接近，不然風起雲湧之際，肯定躲不過迎面撲來的水氣。

「塔卡高」原住民語意謂「真豐沛！」。瀑布水柱從天際岩壁宣洩而下氣勢奔放，正是幽鶴國家公園主題「山牆和瀑布」奇妙風景寫照。最後一次冰川期結束前，幽鶴冰川努力挖深谷地，周圍河川追趕不及，只能懸掛山牆將雪水傾倒谷地，造就幽鶴國家公園風景特色。

6倍高於尼亞加拉瀑布

塔卡高瀑布水源來自瓦普堤克冰原（Waputik Icefield）蓄養的大里冰川（Daly Glacier），水勢因季節與時刻變化，夏天午後最是豐沛；石塊隨著水流滾動助長瀑布聲勢，偶爾也會堵塞出水殺殺瀑布威風。從山頂缺口一躍380公尺，塔卡高瀑布僅次於溫哥華島440公尺高的狄拉瀑布（Della Falls），在加拿大排名第二，但已6倍高於著名的尼亞加拉瀑布（Niagara Falls）。1897年德國探險家阿布（Jean Habel）最先發現塔卡高瀑布，也間接促成幽鶴谷地納入國家公園保護。

塔卡高瀑布傾倒下來的水，挾帶大量砂石借道幽鶴河一路狂奔，在幽鶴谷路入口2.5公里處與踢馬河交會（Meeting-of-the-Waters），形成涇渭分明景象。

塔卡高瀑布

➲ 自駕，從露易絲湖取道加拿大橫貫公路西向23公里，依指標轉入Yoho Valley Road，沿路前行13公里，即抵達瀑布停車場

▼ 真豐沛！塔卡高瀑布

購物篇
Shopping

購物！購物！購物！

難得來加拿大，什麼非買不可？令人興味盎然的加拿大「特色玩物」是什麼？
買不起黃金買瓶加拿大「液體黃金」如何？
從加拿大的特色商品到市井小民的購物商場，本篇完整蒐羅。

特色商品

楓糖、鮭魚、冰酒、人參，還有很多小玩意

可愛小玩意

Souvenirs

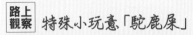

加拿大號稱楓葉國，楓葉旗處處飄揚，楓葉相關產品也充滿紀念品店。從國旗、恤衫、棒球帽、馬克杯、磁鐵、填充玩具，具加拿大特色的小玩意應有盡有。

▲ 楓葉熊　　　　　　　▲ 駝鹿

▲「野生動物通過」趣味標誌　　▲ 楓葉撲滿

路上觀察　特殊小玩意「駝鹿屎」

駝鹿(Mouse)是最大的鹿科動物，橢圓型的駝鹿屎每粒大約有1公分長。Mouse意為「吃樹枝的動物」，因為吃樹枝，所以屎不臭且形狀完整。與加拿大接壤的美國阿拉斯加(Alaska)，甚至出售駝鹿屎做成的耳環當紀念品。

加拿大出售的駝鹿屎只是虛張聲勢，其實是巧克力包杏仁粒，另外還有巧克力包楓糖花生粒的熊屎。這兩項帶幽默的糖果，也代表加拿大自然生態。

▲ 各式磁鐵小物

楓糖漿

Maple Syrup

加拿大楓糖系列商品更發揮到極致，楓糖、楓糖餅乾、楓糖奶油、楓味茶以至各式包裝的楓糖漿滿溢貨架。

▲ 楓糖系列商品架

▲ 各式楓糖漿

▲ 楓糖餅

加拿大楓糖漿產量世界第一

加拿大楓糖漿產量世界第一，產區集中於魁北克省(Quebec)，多數出口到美國、日本和德國。原住民很早就知道楓樹汁液含甜水，歐洲移民將甜水提煉成糖漿使用。楓樹種類很多，但是能採製楓糖漿的以糖楓(Sugar Maple)為主。楓樹生長到40～50歲時，離地面1.3公尺的樹幹直徑超過25公分便可以打洞、插管、取汁，然後將汁液的水分蒸發到含糖量達66.9%才算楓糖漿。

春天為楓糖漿採收季節

每年春天是楓糖漿採收季節，一株成熟的楓樹，每年都可鑿洞取汁，且能持續數十年；但洞不能太大，通常是直徑5/16吋，深達5公分，洞間

如何買楓糖漿

楓糖漿也分等級

魁北克省自訂楓糖漿分級標準，但所有出口產品都要遵循聯邦食品檢驗局(The Canadian Food Inspection Agency, CFIA) 規定。依照加拿大食品檢驗局規定，加拿大的楓糖漿分為3個等級、5種顏色。楓糖漿分級無關品質，第一級並不表示最高級。其實顏色深淺及口味和季節有關。初春生產的楓糖漿顏色較淡，隨著春天漸老，糖楓汁液裡的果糖和葡萄糖增加，蔗糖減少，氨基酸和礦物質也起變化，顏色變深，楓糖味也更濃。

等級	顏色
第一級(#1)	極淺琥珀色(Extra Light, AA)
	淺琥珀色(Light, A)
	中等琥珀色(Medium, B)
第二級(#2)	琥珀色(Amber, C)
第三級(#3)	深琥珀色(Dark, D)

如何辨識包裝上的楓糖等級？

加拿大的楓糖漿外包裝上都會以英、法文明白標示成分、容量與等級。

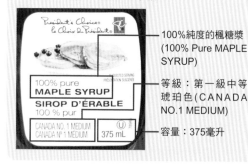

100%純度的楓糖漿 (100% Pure MAPLE SYRUP)

等級：第一級中等琥珀色(CANADA NO.1 MEDIUM)

容量：375毫升

隔在10～15公分間、視樹幹粗細最多鑿4個洞。由於糖楓樹汁含糖量僅為2～3%，40公升的樹汁，大約只能熬成1公升糖漿；而一株正常的糖楓，每季平均大約生產35～50公升樹汁。

鮭魚

Salmon

西海岸產量豐富的鮭魚也發展出多樣禮品，最常見的是燻鮭魚。卑詩省原住民捕獲鮭魚後，基本是以晾乾及煙燻保存；早期華工佐餐的是鹽醃的魚乾。如今在中國城的參茸海味店裡仍然販賣各式魚乾，但大部分用作禮品的鮭魚（口語採英語發音稱作三文魚）多經煙燻處理。

▲ 煙燻鮭魚

▲ 鮭魚是加拿大西岸討喜的伴手禮

如何買燻鮭魚

魚種不同風味各異

煙燻鮭魚使用的魚種，包括紅鮭(Sockeye Salmon)、大王鮭(King salmon)或粉紅鮭(Pink Salmon)，最常見人工養殖的太平洋鮭(Pacific Salmon)或大西洋鮭(Atlantic Salmon)。野生紅鮭品質最上乘，粉紅鮭肉質較差包裝卻最吸睛，價格差異其實也反應品質。

野生紅鮭品質一流

如果只要買煙燻鮭魚，不堅持卑詩生產的鮭魚，不妨購買美國阿拉斯加州(Alaska)的產品，因為阿拉斯加州不准養殖鮭魚，所有鮭魚產品原料都出自野生鮭魚，避免了可能的飼料添加物問題。而阿拉斯加最著名的野生紅鮭，產自靠近卑詩省的銅河(Copper River)。

▲ 紅鮭(Sockeye Salmon)

▲ 野生紅鮭(Sockeye salmon)

▲ 野生紅鮭(Sockeye Salmon)

▲ 野生粉紅鮭(Pink Salmon)

▲ 太平洋鮭(Pacific Salmon)

煙燻鮭魚製作步驟

Step 1 準備木材

燻鮭魚的木材必須是硬木或硬木屑，原住民認為最好的烤魚或燻魚木材是赤楊（Alder），坊間一般使用山胡桃木（Hickory）或橡樹（Oak）木屑，並採取冷燻。

Step 2 將魚醃漬

燻魚前要先將魚醃漬。醃魚的方式也有兩種，一是濕醃（Wet Brining），即將鮭魚泡在鹽、糖、香料調製的水裡浸泡幾天，再取出煙燻；一是乾醃（Dry Curing），即用鹽和糖覆蓋魚塊，然後再煙燻。

Step 3 煙燻鮭魚

煙燻鮭魚有冷燻（Cold Smoking）和熱燻（Hot Smoking）兩種處理方式。冷燻溫度在攝氏20～30度之間，燻過的鮭魚有煙燻風味但不會人柴；熱燻溫度在攝氏52～80度之間，鮭魚肉幾乎熟了，卻還保持相當脂肪及水分。

其他鮭魚產品

嘗鮮鮭魚薄片

其實，新鮮鮭魚之外，北歐及猶太人的鮭魚薄片（Gravlax或Lox）是最美味的加工生魚片，多用來夾在麵包或貝果食用。但是醃鮭魚薄片需要冷藏，不太適合長途攜帶。

伴手禮好選擇，鮭魚乾

最不需要顧慮保鮮問題的煙燻鮭魚伴手禮也許是鮭魚乾（Salmon Jerky），超市、禮品店、機場免稅商店都有出售。

印地安糖果，糖鮭魚

另外，糖鮭魚（Candied Salmon）也稱印地安糖果（Indian Candy），是以40%糖和60%鹽醃漬並燻烤乾燥，保存期也不長，禮品店很少見到，倒是格蘭維爾島（Granville Island）公共市場魚店裡的陳列令人垂涎欲滴，忍不住要買一些嘗試。

西洋參
Ginseng

美國參及加拿大東部安大略省的人參種植已有數百年，卑詩省種參始於1980年代，而且使用的都是農地或牧地，土壤較肥沃，且未經農藥或工業重金屬汙染，因此卑詩參農對本地生產的西洋參相當有信心。

坎路普斯採參趣

比較特別的是，從溫哥華到洛磯山，中途行經的坎路普斯（Kamloops）有參農種植人參，也有機會親手挖人參。由於土壤密度差異，同年齡的人參形狀有別，基本上都是紡錘型，但是土壤較鬆人參容易向下扎根，長成的身材也較挺直；遇到堅硬土地，人參會另闢生路，長出更多枝節與根鬚，挖掘的難度也較大。挖出的新鮮人參現場出售，一株約加幣$10，可惜不能帶離加拿大，只能在境內食用。

如何買西洋參

辨認西洋參真偽和品質

由於市場需求大，有些不肖商人會以白干參或黨參矇混出售，因此買參要仔細分辨。

- **試吃**：基本上，選擇西洋參最準確的方式是試吃，新鮮西洋參入口後會回甘，否則只有苦味。
- **看外觀**：一般商店不會捨得讓顧客嘗試，那只有看色澤，好的整支西洋參會有光澤；切片的人參則可觀察菊花眼及參片是否密實，被抽過人參精的人參彷若泡過水似的鬆散，甚至產生洞孔。
- **問價格**：一磅西洋參的種植成本至少要50元，如果店家低於成本銷售，可能買到的不是卑詩省的西洋參。
- **種植年數**：通常參農種多在4年收成，有些至5～6年，很少種上十幾或幾十年，因為不符經濟效益。所謂半野參其實是施用有機肥如雞糞作肥料，並不是野參，但價格比普通參要高出2、3倍。

市面上少見野參

因為經過數百年的挖掘，西洋野參幾乎滅絕，加拿大政府已於1989年下令禁止出口。因此，如果有店家高價兜售野參甚至說是幾十年的野參，最好存疑。

▲ 卑詩西洋參

冰酒

Icewine

加拿大東西兩岸都產冰酒及人參,人參也許要和美國的花旗參競爭市場,冰酒則是加拿大的專利,名副其實的特產。加拿大釀製冰酒始於1980年代,1990年代初期才打開市場,大部分產品外銷亞洲。目前兩處主要產區,一是東岸的安大略省尼亞加拉瀑布附近,卑詩省的歐墾那根谷則是西岸的產地。

■ 加拿大「液體黃金」

1794年,德國,一個意外的冷天,一批來不及收成的釀酒葡萄結凍;為挽救這次危機,德國人意外發現冰酒。但是,德國的冬天並不經常寒冷到適合釀製冰酒,他們發現加拿大安大略省(Ontario)的冬天更合適,因此德語系移民將釀製冰酒的知識移植到新大陸,經過不斷實驗,終於使得冰酒與加拿大畫上等號,使冰酒成為加拿大的「液體黃金」(Liquid Gold)。

如何買冰酒

認明酒商品質聯盟標誌
Vintner Quality Alliance, VQA

由於真正的冰酒價格昂貴,以人工冷凍葡萄榨汁或以濃縮葡萄汁發酵,添加糖或酒精的廉價冰酒充斥市場。如何辨識真假冰酒?酒商品質聯盟(VQA)標誌應是品質保證。

■ **使用VQA標誌的規定**:卑詩省VQA建立於1990年,獲准使用VQA標誌的酒,按規定釀酒葡萄必須100%產自卑詩省,95%必須來自商標標示的產地,譬如歐墾那根谷;85%的葡萄必須來自商標標示的年分及品種。而酒商品質聯盟核可的卑詩省葡萄栽培區僅4處,歐墾那根谷(Okanagan Valley)居首,其次為溫哥華島(Vancouver Island)、菲沙河谷(Fraser Valley)及西米卡緬谷(Simikameen Valley)。

■ **VQA對冰酒的規定**:VQA對冰酒的規定更嚴,葡萄必須天然冷凍,氣溫在攝氏零下8度或更低時才能採摘,而且收成後必須立刻榨汁,葡萄汁甜度最低為35 Brix,不能加糖;VQA人員將在現場監視,一旦溫度上升即須停工。此外,「Icewine」已成VQA專利商標,只有經VQA核可的冰酒才能標示「Icewine」。

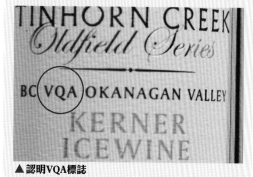

▲ 認明VQA標誌

加拿大特色商品哪裡買？

機場免稅店
Airport Duty Free Shop

購買伴手禮最方便的地方是機場免稅商店，冰酒、楓糖漿、鮭魚都能一站搞定。

▲ 機場免稅商品展售架

蓋士鎮禮品店
Gastown Souvenir Stores

機場免稅商店加拿大特產專櫃的小玩意不多，倒是溫哥華發源地的蓋士鎮（Gastown）Water St.沿路，禮品店（Souvenir Stores）裡琳瑯滿目。在蒸氣鐘附近的哈得遜商店（Hudson House Trading Company）裡，所有旅客想得到或想不到的溫哥華特產及紀念品應有盡有；商店建築曾是哈得遜灣公司收發皮毛及酒類的倉庫。同一條街上，Steam Clock T-Shirt Souvenirs、Michelles Import Plus等商店也能逛逛，說不定會有意外收穫。

■ **Hudson House Trading Company：**
✉ 321 Water St., Vancouver / ☎ 604-687-4781

■ **Steam Clock T-Shirt Souvenirs：**
✉ 305 Water St., Vancouver / ☎ 604-682-6035

■ **Michelle's Import Plus：**
✉ 73 Water St., Vancouver / ☎ 604-687-5930

羅伯森購物街
Robson Street

羅伯森街（Robson Street）是溫哥華著名的購物街，東南伸向西北的街道錯落分布著服飾店、咖啡館及餐飲店，甚至貨幣兌換店，不少家禮品店夾在其中，Burrard及Jervis街間的羅伯森最是熱鬧。

羅伯森街以1899～1992年卑詩省長John Robson命名。購物街的傳統起自1895年鋪設鐵軌，小店便沿號軌道兩旁分布。二次大戰後歐洲移民大量移入，歐洲糕餅及熟食小鋪成為主流，Robson Street一度被稱作「Robsonstrasse」，「strasse」為德文，意即英文的街道（Street）。

http www.robsonstreet.ca
（可從Directory，即商家指南尋找商家資訊）

卑詩省授權酒類經銷商
Liquor Stores

　　按卑詩省規定，禮品店、超級市場不能賣冰酒或酒類，假若不參訪酒莊，必須向經政府授權的酒商購買。卑詩酒商（BC Liquor Stores）是經過省政府授權的冰酒或酒類批發、零售商，在省內有195家零售店，商店多設在超級市場邊；有些購物中心也有獲政府授權的獨立酒類經銷商。但是，到商店買酒，必須能證明購買人年滿21歲。

http www.bcliquorstores.com

格蘭維爾島公共市場
Granville Island Public Market

　　如果想買糖鮭魚，最好直奔格蘭維爾島公共市場（Public Market）魚店。各式煙燻鮭魚伴手禮在機場免稅商店、蓋士鎮Water Street及羅伯森街禮

品店，甚至超級市場裡都能買到，唯獨糖鮭魚似乎踏破鐵鞋無覓處。就在格蘭維爾島公共市場的魚店裡，條條塊塊的糖鮭魚擺滿玻璃櫃，各種鮭魚伴手禮也令人眼花撩亂（格蘭維爾島資訊，可參考P.108）。

參廠及華人城市參茸店
Ginseng Vendors

　　在加拿大買參，主要目的為購買本地種植的西洋參，所以最好在參觀參田或參廠時購買。如果不到參田或參廠參觀，可至中國城或華人聚居城市購買。華人食用人參的歷史已逾4千年，由於對人參的特殊依賴，可以說只要有華人聚集，就會有商店賣人參。在溫哥華，無論中國城傳統市場或華人眾多的列治文新式購物中心，都能買到人參。中國城參茸店裡販售來自全球各地的人參，唯獨少見卑詩省生產的西洋參。

百貨公司、購物商場賣什麼？

百貨公司
Department Stores

海灣公司

加拿大西岸較常見的百貨公司為海灣公司（The Bay）。海灣百貨公司由哈得遜灣（Hudson's Bay）商站發展成型，商站原本主要業務也是皮毛交易。1881～1960年間，海灣百貨公司只散布於加拿大西岸，然後才跨足東岸，目前90家百貨公司分布加拿大各省，總部則設在多倫多。

http www.HBC.com

倫芙瑞百貨公司

倫芙瑞百貨公司（Holt Renfrew）位在溫哥華市中心，在太平洋購物中心內，卑詩省僅此一家；亞伯達省兩店分別設在卡加利及艾德蒙頓（Edmonton）。倫芙瑞百貨公司源自1837年魁北克的一家皮草店，先是加拿大第一任總理麥唐納加持，隨後成為英國維多利亞女王指定的皮草店。伊莉莎白女王結婚時，加拿大政府送的禮物也出自百貨公司前身的皮草店。皇室青睞之外，倫芙瑞於1947年與巴黎的克麗斯汀迪奧（Christian Dior）合作，成為克麗斯汀迪奧產品在加拿大唯一代理，更躋身時尚高端。

http www.holtrenfrew.com

席爾斯百貨公司

海灣百貨公司多為購物中心支柱，關係企業席爾斯（Sears）有時同時存在，譬如列治文購物中心（Richmond Centre）兩家公司各踞一方。

http www.sears.ca

標的百貨公司

較海灣百貨公司層次較低一檔的標的（Target）百貨公司近年才踏進加拿大市場。標的百貨於2011年購買海灣公司旗下的Zellers店址，陸續改裝成標的百貨。列治文的Lansdowne購物中心即以標的百貨為主力。

http www.target.ca

購物中心與商場
Shopping Centre & Malls

溫哥華購買生活必需品不難。大型購物中心多有一、兩家主力百貨公司加上上百家商店、餐飲店，有些還包括超級市場、銀行、診所；小型購物商場則以超級市場為主，結合速食店及小商店，一次滿足所有需求。

太平洋中心

溫哥華市區面積不大，比較具規模的購物中心是太平洋中心（Pacific Centre），倫芙瑞百貨公司就在太平洋購物中心內；中心還有通道前往海灣百貨。太平洋中心多數店家都在地下，近百商店中較知名的為瑞典服裝零售店H&M、加拿大運動用品店Sport Chek，美國的蘋果電腦及Coach皮包店。

http www.pacificcentre.ca

➡ 天車加拿大線City Centre及Granville站之間；公車4、5、6、7、10、14、16、17、20、50、240、246、250路

Metropolis at Metrotown

Metropolis at Metrotown是卑詩省最大的購物中心。位於本拿比鐵道鎮（Metrotown），Metropolis

at Metrotown商店近400家，以海灣、席爾斯、標的百貨為主力，服裝零售店包括H&M及西班牙的Zara近百家，另外設有銀行、眼鏡、牙醫、保險、旅行社等服務業甚至學校，還有Superstore及大統華（T&T Supermarket）兩家超市供應生活必需品。

http www.metropolisatmetrotown.com

➡ 天車博覽線及千禧線均設有Metrotown站；公車19、49、106、110、116、129、130、144、430路

Oakridge Shopping Centre

1959年開始營業的Oakridge Shopping Centre號稱溫哥華最時尚（stylish）的購物中心，鞋、服裝、珠寶首飾店較多，每年秋季都舉辦流行秀場。中心主力商家為海灣百貨、標的百貨、Safeway超市及蘋果電腦，Coach及Armani Exchange也設有店面。伊莉莎白皇后公園及范杜森植物園都在步行可及範圍。

http www.oakridgecentre.com

➡ 天車加拿大線Oakridge-41st Ave站就在購物中心地下；公車15、41路

列治文購物中心

列治文應該是大溫哥華地區，購物中心最集中、也最具華裔色彩的城市。天車加拿大線（Canada Line）起站Brighouse過街就是列治文購物中心，接著依次爲Lans-

downe站的Lansdowne Mall，Aberdeen站的時代坊（Aberdeen Centre）；時代坊對街便是大統華及大阪（Osaka）超市所在的統一廣場、八佰伴購物中心（Yaohan Center）。

http www.richmondcentre.com(列治文購物中心)

➡ 天車加拿大線Brighouse站、Lansdowne站、Aberdeen站

卡加利核心購物中心

卡加利市中心購物既悠閒又時髦，「核心購物中心」（The Core Shopping Centre）以倫芙瑞百貨公司爲中心，包含Chanel、LV、Hermes、Tiffany等名牌專櫃，及其他零售商店。購物中心籠罩在200公尺長、26公尺寬的玻璃幕下，自然採光；4樓更有面積10,000平方公尺的戴沃尼安花園（Devonian Gardens），花園內花木繁茂綠意盎然，號稱「城市綠洲」。

廉價百貨店

溫哥華購物也不全然昂貴，Dollarama店裡的百貨，最貴也就$4，大創百貨(Daiso)多數物品要價$2。

■ **Dollarama**：Dollarama發跡於魁北克，販售$1貨品招徠。幾乎與大創百貨同時進入加拿大西岸，貨品價格從$1逐漸升到$4。

http www.dollara ma.com

■ **大創百貨**：母公司在日本，時代坊裡的大創百貨是北美第一家旗艦店，占地逾26,000平方

呎，物品包羅萬象，從廚房用具、工具、園藝用具、汽車零件、健康美容、文具、食品應有盡有，大部分貨品價格僅$2加幣。

http www.daisoc anada.com

核心購物中心南緣即第8街步行街，是卡加利傳統的購物街。介於市政府及倫英瑞百貨公司之間的第8街，有1988年冬季奧運會設立的奧林匹克公園，也錯落分布著零售商店。

http www.coreshopping.ca

▲ 核心購物中心

▲ 倫芙瑞百貨

▲ 核心購物中心戴沃尼安花園

直銷商場
Designer Outlet

麥克亞瑟格蘭

總部設在英國倫敦的麥克亞瑟格蘭（McArthurGlen）公司，2015年揮師美洲，在溫哥華機場附近，開設第一家名牌直銷商場（Designer - Outlet）。

商場建築有如歐洲小鎮，對照著將歐風帶入溫哥華的主題；由於靠近機場，不時有降落的航班低空掠過。目前已有70家廠商進駐營業，商場仍在擴張。天車加拿大線的Templeton站就在商場邊，搭車往來機場免費（見P.56）。營業時間是每天10:00～21:00，週日提前至19:00。

藥妝店
Drug Stores

Shoppers Drug Mart、London Drugs、Pharmasave這3家連鎖藥妝店以藥房、美容產品為主要經營項目外，也兼營電子產品及雜貨，甚至設有郵政代辦所並出售公車票。藥妝店可以說是藥房和便利雜貨店的綜合體，Shoppers Drug Mart為加拿大最大的藥妝連鎖店，其他連鎖藥妝店包括大部分店集中

在大溫哥華地區的London Drugs，以及多散布於社區鄰里的Pharmasave。

🔗 **Shoppers Drug Mart**：www.shoppersdrugmart.ca
🔗 **London Drugs**：www.londondrugs.com
🔗 **Pharmasave**：www.pharmasave.com

名牌服飾店
Fashion Brands

想買Prada、Gucci、Fendi、Burberry等名牌，溫哥華不是好地方。國際機場附近正在興建的工廠直銷店（Outlet Mall）完工前，要想一站買齊名牌唯一的選擇是市中心的倫芙瑞百貨公司（Holt Renfrew Department Store）。

與美國西岸比較，溫哥華並不是購物的好地方，一方面因為物價高，另一方面還有7%省稅加上5%聯邦稅，難怪不少溫哥華居民寧願開車越界到美國工廠直銷店（Outlet Mall）採購。

豆知識
起源於加拿大的品牌

Roots、ALDO都是起源於加拿大的品牌，目前在台灣及中國都有專賣店；ALDO的鞋子60%都在中國製造。除非大減價拍賣，價格加上銷售稅，未必比台灣便宜。在採購全球化的大潮下，國家界線早已被沖垮，除了冰酒、鮭魚、西洋參、楓糖漿等受產地限制的產品，加拿大商店裡能標示「加拿大製造」(Made in Canada)的貨品已經日益稀少。

超級市場
Supermarkets

溫哥華超級市場除了酒精飲料外，幾乎照顧到所有飲食需要，多數超市設有藥房，Superstore還設置加油站。華資超市不見藥房，但游水海鮮、生鮮果蔬和多樣的熟食，在超市中獨樹一幟。

Safeway、Save-On-Foods、Superstore普遍分布於加拿大西岸，或設在大型購物中心內，或與一些速食店及小商店組成小型購物商場，除了日常生活所需的生鮮雜貨外，多數設有熟食部、麵包房及藥房。以大統華為首的華資超市，大部分賣場都提供給生鮮及熟食，最能吸引華裔移民。

Safeway

Safeway超市根源可追溯到1912年洛杉磯的一家雜貨店，「Safeway」的名稱得自1925年的一次命名比賽，當時經濟景況不佳，提倡以現金購買雜貨及食物以免負債是最安全（Safe）的方式（Way）。1929年Safeway即已涉足加拿大市場，1970～80年代，更成加拿大西岸超市老大，控制80%市場，致使雜貨價格高漲，因而引起亞伯達省政府出面干涉，限制開店數量，部分店面改為Food for Less或轉讓IGA經營。

http www.safeway.ca

Superstore

Superstore來自東岸，是Loblaw超市向西擴張的產物。Superstore場面比一般超市規模大，除了超市的生鮮及食品外，店面有1/3用作家庭用品、電

子產品及衣服賣場，有些類似台灣的大潤發或家樂福。

http www.superstore.ca

Save-On-Foods

目前在卑詩省及亞伯達省分別有54及25家超市。Save-On-Foods強調生鮮產品都在當地生產。

http www.saveonfoods.com

大統華超市

大統華超市（T&T Supermarket）1993年開始在本拿比及列治文設點，先在加拿大西岸發展，2009年與Loblaw合作涉足東岸，到2012年在加拿大共有22家超市，大部分仍在大溫哥華地區。1997年，日商八佰伴退出市場，大統華接手經營所屬的大

阪超市，兩家超市在列治文3號路邊毗鄰更加熱鬧。

http www.tntsupermarket.com

便利商店
Convenience Stores

7-11和Mac's是加拿大西岸最常見的便利商店。第一家7-11於1969年夏天在卡加利設立，Mac's則於1961年已涉足加拿大市場。兩家便利商店提供的服務相似，譬如速食、飲料、零食及生活用品，有些店設置加油站，有些店裡有提款機，銷售公車票。

通訊篇
Communication

在加拿大要如何和親友保持聯繫？

如何在加拿大打電話？怎樣聯繫最符合經濟效益？

哪兒能免費上網？想寄張異國明信片，去哪寄？

雖然身處異地仍可與世界保持聯繫，通訊時刻無國界。

打電話、上網、郵寄

國際通訊無國界

有線電話
Phone Call

國際電話卡較直撥國際電話便宜

機場入境大廳設有公共電話，投幣只要湊足$0.50或插入信用卡均可使用，若使用$1則不找錢。除機場與旅館外，其他場所已不容易找到公共電話。如想利用公共電話或旅館裡的有線電話打國際電話，建議在商場小店買電話卡。電話卡以座機和手機撥打費率不同，但遠較直接撥國際電話便宜得多。

通常從旅館房間撥打本地電話，旅館不會收費，但使用前，最好先詢問櫃台人員，以免產生意外帳單。

預付電話卡使用步驟

Step 1
刮出卡片背面密碼

Step 2
撥打所在地區撥接號碼
通常顯示在卡片背面。號碼包括當地及其他城市號碼，例如在溫哥華撥打604或778區號的電話號碼，在班芙則撥打403區號的號碼，若無適當的區號，可撥866號全國通用的號碼。

Step 3
選擇語言
依照語音指示，選擇欲使用語言（一般為英語）。

Step 4
輸入卡號及密碼
輸入卡號及刮出的密碼，以「#」結束。

Step 5
撥打電話
依國際電話撥打方式撥打電話，撥打方式見P.228。撥完要打的電話號碼後加「#」，表示撥號已完整。

公共電話使用解析

左上投幣口可使用1元、25分、10分、5分錢。

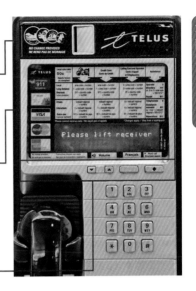

			信用卡 撥號	電話卡 撥號	協助
	本地電話 硬幣50分				
911免費	本地電話	區碼+ 電話號碼	區碼+ 電話號碼	0+區碼+ 電話號碼	接線0
Telus 電話卡	長途電話	1+區碼+電 話號碼	1+區碼+ 電話號碼	0+區碼+ 電話號碼	查號411
威士卡	國際電話	011+國碼+ 區碼+號碼	011+國碼+ 區碼+號碼	011+國碼+ 區碼+號碼	報修611
萬事達卡					
美國運通卡					

左邊兩鈕調整音量(Volume) / 中間長方型鈕可轉換法語
(Francais) / 最右邊「下一通」(Next Call)，不用掛上話
筒，按鈕撥打下一通電話。

行動電話
Phone Call

加拿大3大通訊商

加拿大手機頻率為850與1900MHZ，如果持用的台灣手機是3頻(900 / 1800 / 1900)或4頻(850 / 900 / 1800 / 1900)，在加拿大應該都能使用。

加拿大3大通訊系統商Bell Mobility、TELUS、Rogers Wireless及Rogers旗下的Fido等門市都可購買用戶識別卡(SIM卡)。目前SIM卡分成標準卡，又稱「Mini SIM」，尺寸約25×15mm，厚度0.76mm，尺寸最大，適用於早期舊型號。其次為Micro SIM，也稱為「中卡」，尺寸約15×12mm，厚度0.76mm。Nano SIM是目前主流規格，也被稱為「小卡」，尺寸約8.8×12.3mm，厚度0.67mm。找到合適的SIM卡後，插入手機，即可使用附帶的門號，一旦門號開通，就可購買話費通話。

http **Bell**：www.bell.ca/mobility
http **Rogers**：www.rogers.com/wireless
http **TELUS**：www.telusmobility.com
http **Fido**：www.fido.ca

撥打費率

■ **一般使用費率**：對於短期旅客而言，比較省心的是預付話費。預付話費基本上是買的金額越低，有效期越短，通話費越高；有些以分鐘、日計算，發話、接收都收費，簡訊有條數限制，因此還是要比較。此外，Bell Mobility、Rogers Wireless對於成功發、受話，自鈴響即開始計費。TELUS對於成功發話，自鈴響即開始計費；受話自按下通話鍵開始計費。

■ **國內長途電話另收$0.40 / 分鐘**：撥打國內長途電話，每分鐘須另加$0.40。因此，應購買停留最久的城市號碼，譬如在溫哥華停留最久，最好買604或778區號的門號，以避免長途電話費。(有關城市區域號碼，請參考「在加拿大

打當地電話」P.232說明)

■ **國際電話$1.50／分鐘：** 即便手機有加拿大門號且話費可充值，加拿大國際電話費每分鐘$1.50，仍然昂貴。最經濟的通訊方式是，另外購買預付電話卡，配合手機或使用市內電話和公共電話打國際電話。

行前的手機漫遊準備

■ **原門號漫遊：** 如果只是短期旅遊，最方便的通訊方式是原號漫遊。也就是說，不用換卡，在美國及加拿大，使用台灣原有手機和號碼。中華電信、遠傳和台灣大哥大都提供同樣的服務，定量型、日租型內容及收費略有出入，與美加當地電信業合作對象也可能不同，最基本條件是，原號漫遊只服務各自的月租型門號客戶。

■ **購買SIM卡：** 其次，購買SIM卡通訊的方式很普遍。不但通訊業者出售SIM卡，電子購物平台如蝦皮的SIM卡更是琳琅滿目，旅遊相關行業如Klook、KKday也都有推出。這些SIM卡可以郵寄台灣地址或到機場取得，到國外下飛機後開通使用。僅在加拿大使用的網卡不多，大抵是美加或美加墨綁在一起通用。

購買SIM卡要注意手機有無鎖碼，若被鎖碼，要先解碼才能使用。仔細閱讀電信商提供的服務內容，例如數據流量，有效時間，通話及簡訊適用範圍，國外相應的電信商網路覆蓋範圍。加拿大偏鄉，如以北極光出名的黃刀鎮、洛磯山國家公園沿路，通常沒有信號。

■ **eSIM卡：** 不需要實體SIM卡的「eSIM」，近來逐漸流行。「eSIM」指的是虛擬的SIM卡。從電信業者取得QR code，遠端下載進裝置即可使用。也就是說，手機不用再插入SIM卡；缺點是得先確認手機型號有支援eSIM功能。

檢查手機是否可以使用eSIM，手機撥號*#06#，如出現EID的條碼或文字，表示該手機支援eSIM。目前可能只有蘋果和谷歌的某些型號可用，設定也不太容易。

從台灣打電話到加拿大

撥打方法	國際冠碼+	國碼+	區域號碼+	電話號碼
打到加拿大市話	002／009／012等	1	卑詩省 604／250／778／236 亞伯達省 403／780／587	市話號碼
打到加拿大手機	002／009／012等	1	-	手機號碼

從加拿大打電話回台灣

撥打方法	國際冠碼+	國碼+	區域號碼+	電話號碼
打到台灣市話	011	886	台北 2(去0)	市話號碼
打到台灣手機	011	886		手機號碼(去0)

在加拿大打當地電話

撥打方法	國際冠碼+	國碼+	區域號碼+	電話號碼
打當地市話	-	-	卑詩省 604／250／778／236 亞伯達省 403／780／587	市話號碼
打當地手機	-	-	-	直撥手機號碼

通訊篇

上網
Internet

免費上網地點

美加的網路環境不如台灣方便，如攜帶筆電、平板電腦或iPad，溫哥華機場、卑詩省渡輪、圖書館等公共場所都是Wi-Fi環境；如麥當勞、Tim Hortons、Blenz Coffee等速食及咖啡店，不一定要消費也可免費上網。

旅館上網

有些旅館提供免費網路，有些要收費，有些還必須取得密碼，入住時可向櫃台查詢。

▲ 麥當勞、Tim Hortons、Blenz Coffee等店，可免費上網

行家祕技 可打到世界各地的電話和手機

目前網路電話已經相當普遍，只要能連上網路，Line或Skype等APP都能全球溝通，缺點是通話對方也必須同時上網，且有相同系統帳號。如果對方不上網，Skype也可以撥打對方市內電話或手機。使用方式是購買Skype的點數。

以Skype點數打電話，無論從世界哪個角落撥號，都以受話地點計算費率，如從台灣撥打加拿大，市話／手機每分鐘台幣$0.681；從加拿大撥打台灣，手機台幣$2.517／分鐘，市話$0.681／分鐘，不及1分鐘以1分鐘計算。另外，每通電話都要收取接通電話的費用，打到加拿大市話／手機每通話務費是台幣$1.451／通，加拿大打到台灣市話話務費台幣$1.451／通，手機$2.635／通。

http **Skype**：www.skype.com

郵寄
Mail

去哪裡寄信？

加拿大各市鎮均有郵局販售郵票、收發郵件，同時在各大商場或藥妝店（如London Drugs、Shoppers Drug Mart……等）亦附設有郵務櫃台，辦理郵政業務。貼足郵資的普通信件可投入設立街頭以紅為主色的郵箱，工作日16:00～17:00收信。

▲ 請認明商場「郵政代辦」的標誌

普通信件(包括明信片)基本郵資表

地區	郵資	時程
國際	$2.71 (0～30g)	4～7日
加拿大	$1.07 (0～30g)	2～4日
美國	$1.30 (0～30g)	4～6日

其他資料可上網查詢：
www.canadapost.ca/cpo/mc/languageswitcher.jsf

應變篇
Emergency

在加拿大旅行，遇到緊急狀況怎麼辦？

在旅遊期間如果遇到緊急狀況，第一時間要做什麼？後續如何妥善應對？
本篇將介紹在國外可能會發生的狀況，一一整理對應措施和緊急聯絡資訊。

物品遺失、被竊

補救措施及申請理賠

護照遺失

Emergency

向鄰近駐外館處申請護照遺失補發

在國外遺失護照，可持當地警察機關遺失報案證明文件，向鄰近駐外館處申請護照遺失補發。若當地警察機關尚未發給或不發給遺失報案證明，可以以遺失護照說明書代替。已逾效期護照在國外仍須申報遺失始能申請補發（駐溫哥華台北經濟文化辦事處資訊，見P.239）。

行李遺失

Emergency

STEP 1：申訴

抵達目的地時若未發現行李，應於出關前持行李收據向機場行李櫃台人員申訴並要求查尋。若行程牽涉到兩家或以上航空公司運送時，應向行程終點的最後一家航空公司申報。

STEP 2：填寫行李意外報告

櫃台人員會要求旅客填寫行李意外報告，包括行李箱的顏色、質料、品牌、購買日期和金額以及行李內容。

STEP 3：申請理賠

■ **旅遊平安險中的行李延誤或遺失理賠：** 使用信用卡購機票或付團費，通常附帶旅遊綜合保險。延誤或遺失定義（例如遲到4或6小時為延誤，24或48小時為遺失）及補償金額因發卡銀行及所持信用卡等級而異。重要的是，因行李延誤或遺失而購買生活必需品的收據必須保留，連同航空公司簽發的行李延誤或遺失證明申報理賠。若在出門前購買了旅行平安保險，通常也附有行李延誤或遺失條款，同樣可以申請理賠。

■ **未使用信用卡付費也未買保險：** 若未使用信用卡付費也未買保險，依據國際航空協定的規定，航空公司每公斤行李最多只賠償$20美元，以經濟艙行李重量上限20～23公斤計算，不過$400～460美元。

▲ 找到行程終點的航空公司詢問行李

貼心 小提醒

行李託運注意事項

交付託運前，最好在行李綁上記註有聯絡方式的名條，以備行李遺失時協助查尋。

貴重物品最好隨身攜帶，若必須託運，可能要考慮使用報值行李方式，譬如長榮航空接受的價值上限為美元$2,500，費用為申報價值0.5%。若認為行李價值超過航空公司報值上限，可就近向駐在機場的產物保險公司另外投保。

在完成報到手續離開櫃台前，務必確認已取得正確數量的託運行李收據，且行李皆正確掛運至目的地，例如溫哥華(YVR)或卡加利(YYC)，並妥善保管行李收據。

若行李在運送途中損壞，也要在未出關前即向櫃台申報。航空公司多會先送交特約廠商免費修理，若無法修復，則會以該行李箱的使用情況予以賠償。

信用卡遺失

Emergency

出國前最好先將信用卡號碼記下，隨身攜帶但與信用卡分開存放以備萬一。若信用卡不幸在海外失竊，國內銀行可能有24小時服務的掛失電話，但都是長途付費電話。

如果持用的是威士或萬事達卡，則可在當地撥通免費的全球服務專線，專線可代轉到發卡銀行，協助掛失或申請緊急替代卡。

如果不能說英語，至少要會說：「Mandarin, Please」（請講華語），全球服務專線人員會幫忙找尋適當人選提供協助。

📞 威士卡免費救助電話：1-866-639-1911

📞 萬事達卡免費救助電話：1-800-307-7309

旅行支票遺失

Emergency

由於信用卡已普遍使用，目前旅行支票的需要性減低，唯一的好處是，若遺失或遭竊可以就近申請補發。

較為廣泛使用的美國運通旅行支票，在台灣發行7種幣制，包括面額50、100及500的加拿大幣，可在指定金融機構或郵局購買。抵達加拿大後，可在指定銀行、旅館和貨幣兌換商號兌換現金，或在特定商店直接使用。兌換地點可能會收取手續費，直接使用則可找零。

購得旅行支票首先要做的事是，在支票左上角，以中文或英文簽名；使用時才在左下角複簽姓名。若未初簽或已雙簽，旅行支票失竊都無法申請補發。若在加拿大旅途中旅行支票失竊，應立即電話聯絡旅行支票服務中心，提供有效身分證明，告知失竊支票號碼、購買日期及地點，申請補發，服務人員會協助就近補發。

📞 1-866-296-5198

行家祕技　如何使用旅行支票

購買旅行支票後，就立刻在上款簽下與護照相同的簽名，等到要使用、兌換時才當場在下款簽名，要記得攜帶護照喔！

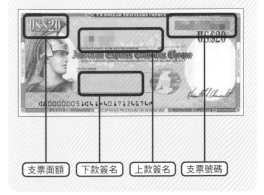

| 支票面額 | 下款簽名 | 上款簽名 | 支票號碼 |

向外交部或駐外辦事處求助

傷病就診、買藥
Emergency

工作與入學許可，可加入全民健保

加拿大實施全民健保，永久居民憑Care Card看診免費，但要自費買藥。如無加拿大永久居民身分，不可加入全民健保，除非獲得工作與入學許可，但旅遊者不在此列。

先預約看診時間

一般病症需先與家庭醫生預約看診時間，一般都在1～2週之後。如無熟識的家庭醫生，則須找尋無需預約診所（Walk-in Clinic），但為數不多。如有需要，家庭醫生再轉介到專科醫生看診。

可撥打911叫救護車

如有緊急就醫需求，可撥打911叫救護車送醫，可能會要求支付費用；或可直接到地區醫院或其他大型醫院掛號急診。醫師會先實施檢查，費用約50～100加幣。如需住院，院方會要求提供醫療保險資料，先與保險公司聯繫。

憑處方到藥局(Pharmacy)買藥

診所不設藥局，醫師看診後只開處方（Prescription），憑處方到超市（Supermarket）、藥妝店（Drug Store）內設的藥局（Pharmacy）買藥。在藥局送入處方後，通常要1小時後才能在取藥櫃台取藥。除藥價外，還要再加收每項藥品至多10元的服務費（Professional Fee），但處方藥不必付稅。

一般成藥可自取結帳

一般成藥在藥局外的貨架即可自取結帳，不需付服務費，但需加付5%的聯邦銷售稅（GST）。

貼心 小提醒

投保旅遊保險注意事項

如已在國內購買旅遊保險，應隨身攜帶英文保險資料，看診與買藥費用均應先自行墊付，取得繳費單據與買藥發票再向保險公司申報。加拿大當地保險公司也提供外來旅客的旅遊保險，可就近購買。

旅外國人急難救助
免付費專線

若在國外遭遇緊急情況，可向外交部緊急聯絡中心求助。在溫哥華撥打外交部的旅外國人急難救助全球免付費專線電話號碼為：

011-800-0885-0885

(您幫幫我，您幫幫我)

若在公用電話撥打，無撥號音時，仍要投幣或用電話卡。付費專線為：

011-886-800-085-095

(您幫我，您救我)

救命小紙條 你可將下表影印，以英文填寫，並妥善保管隨身攜帶

個人緊急聯絡卡
Personal Emergency Contact Information

姓名 Name： 國籍 Nationality：

出生年分(西元) Year of Birth： 性別 Gender： 血型 Blood Type：

護照號碼 Passport No：

台灣地址 Home Add：(英文地址，填寫退稅單時需要)

緊急聯絡人 Emergency Contact (1)： 聯絡電話 Tel No.：

緊急聯絡人 Emergency Contact (2)： 聯絡電話 Tel No.：

信用卡號碼 Creadit Card No.： 海外掛失電話 Creadit Card Contact No.：

信用卡號碼 Creadit Card No.： 海外掛失電話 Creadit Card Contact No.：

旅行支票號碼 Traveler's Check No.： 海外掛失電話 Traveler's Check Contact No.：

航空公司國內聯絡電話 Airline Taiwan Contact No.： 海外聯絡電話 Airline Oversea Contact No.：

投宿旅館 Hotel (1)： 旅館電話 Tel No.：

投宿旅館 Hotel (2)： 旅館電話 Tel No.：

其他備註 Others：

醫療急救、報案電話 911

加拿大緊急(Emergency) 電話只有一個，適用於犯罪、火災及醫療緊急狀況。公用電話可以免費撥打911；手機即使沒有SIM卡，大多已設定緊急電話功能，也能撥打911。

駐溫哥華台北經濟文化辦事處
網址：www.roc-taiwan.org/ca/yvr
地址：650 West Georgia Street, Suite 2200
電話：(604)689-4111

So
Easy